みんなの映画100選

|あのシーン|あのセリフ|

絵｜長場雄　文｜鍵和田啓介

映画なるものがこの世の中に誕生して100年以上の時が過ぎた。あらゆるメディアがそうであるように、映画も時間の流れにしたがって変化したり進化したりした。色がつき、音がつき、ときには立体になった。

しかし、変わらないこともある。それはどんな映画にも忘れがたいシーンとセリフが登場するということだ（少なくとも、映画が音声を獲得してからは）。誰もが口を揃えて語りたくなるものもあるかもしれないし、ほんの数人の記憶にしか残ってないものもあるかもしれない。クライマックスの大団円のシーンかもしれないし、日常の何てことのないセリフかもしれない。しかし、どうしたことか登場しない映画はない。これはそんなシーンとセリフにまつわる本だ。

制作にあたっては、イラストレーターの長場雄が好きな映画から好きなワンシーンを抜き出して描き、ライターの鍵和田啓介がその映画から好きなセリフを抜き出して好き勝手に解説を書いた。解説については、ごくまっとうに書いたものもあれば、やや妄想の入り交じるものもあることを予め断っておく。本書では6つのジャンルに分け計100作品を選出した。始めから読み通すのもいいし、気になるところだけ摘み読みするのでもいい。読んでいく中で、「そうそう！」と膝を打つものもあれば、「これは違うな」と顔をしかめたくなるものもあるだろう。あるいは、「なんであれが入っていないんだ」とツッコミたくなることがあっても不思議じゃない。その足りない101作品目については、あなた自身どこかに書き足してくれることを作り手たちは願っている。本書が「みんなの映画」と名付けられているのは、そうした理由なのだから。

青春を謳歌したくなる映画

子どもってのは大事な物を簡単に捨てたがる。
だから、誰かが見守っててやんなきゃいけないんだ。
お前の親がやらないなら、おれが守ってやるよ。

*Kids lose everything unless there's someone there to look out for them.
And if your parents are too fucked up to do it, then maybe I should!*

スタンド・バイ・ミー

ゴーディは物語を書く才能に秀でていた。しかし、彼の両親はそれを認めてくれず、口を開けばデニーの話ばかりする。デニーとは、今は亡きゴーディの兄の名前だ。将来を約束されたアメフトのスター選手だったデニーを溺愛していた両親は、彼の死から立ち上がれないでいた。両親がゴーディに冷たく当たるのはそうした事情による。とはいえ、デニーの生前から両親のゴーディに対する愛のなさは明らかだったが。彼にとってこの仕打ちはあまりにも酷で、ついには父に「デニーではなくお前が死ねばよかった」と言われる悪夢すら見るほど。もう作家になる夢なんか諦めよう。そう考えたゴーディを、彼の親友クリスはこうどやしつける。数十年後、ゴーディは実際に作家になってしまうのだから、持つべきものはやはり友だ。

30キロ先の森に、電車にはねられた少年の死体があるかもしれない。そんなニュースを聞きつけたゴーディ、クリス、テディ、バーンの悪ガキ4人組は死体探しの冒険に出る。

お前がパパの最高傑作だ。

グーニーズ

その日、マイキー率いるグーニーズの4人はみんなで過ごす最後の時間を楽しんでいた。マイキーの父は銀行に借金をしており、明日までに返さないと彼らの住む一帯がゴルフ場にされてしまうからだ。そんな中、彼らはマイキー宅の屋根裏部屋で宝の地図を発見する。宝を見つけられれば借金を返せるのではないか。そう考えた一同は宝探しを開始し、最後にはお宝の一部をゲットする。宝の在処(ありか)であった洞窟から出ると、警察とともに彼らの親たちが心配そうに待ち構えていた。データの父は無事に帰還した息子を抱きしめこう叫ぶ。データは発明が得意な少年なのだが、この言葉を聞くと、どうやら彼の父も発明家らしい。そんな憧れの発明家である父に「最高傑作」と賞賛されれば、うれしくない息子はいないだろう。

マイキー、マウス、チャンク、データは、マイキーの家で宝の地図を発見し、宝を目指して冒険を開始する。しかし、同じく宝を狙う悪党たちとかちあうことになり……。

※原文は載せておりません。

グズグズしてねぇでてめぇのギアを入れな！

Get your ass in gear.

アメリカン・グラフィティ

カリフォルニア北部の田舎町に住む17歳のカートは悩んでいた。卒業後の進路についてだ。東部の大学には合格しているし、明日には進学するためにこの町を出る手はずになっている。しかし、本当にそれでいいのか。仲間のように地元に残るのもアリなのではないか。悶々としながら迎えた最後の夜、カートはいつものようにカスタムカーに乗ってドライブインで仲間と落ち合い、女をナンパするためにそれぞれドライブを開始する。その後、すれ違った見ず知らずの美女を追いかけて方々巡ったり、チンピラ集団に勧誘されたりしながら、最後に辿り着いたのは町の外れにあるラジオ局。懊悩するカートに心優しきDJがかけたのがこの言葉だ。これに奮起させられたカートは翌日、大学に進学するため町を後にするのだった。

田舎町に住む青年たちが夜な夜なカスタムカーに乗ってナンパに繰り出す姿を通して、それぞれの抱える悩みや将来への不安などを活写した青春群像劇の決定版。

たったひとつ、生きていくのに必要なのは、
自分が正しいと思うことをすることだ。

The only way you're gonna survive is to do what you think is right.

サタデー・ナイト・フィーバー

ブルックリン育ちのトニーは将来に何の展望もなく生きていた。ただ土曜日の夜にディスコで得意のダンスを披露することだけが生き甲斐だった。しかし、そんな考え方は、年上のステファニーと知り合ったことで大きく変化する。同じくブルックリン育ちでありながら、人一倍上昇志向が強く、今はマンハッタンで働く彼女の話を聞くうちに、トニーは今まで人生にしっかり向き合ってこなかったことを反省するのである。ちょうど同じ頃、信仰心の篤い両親の期待を一身に背負って牧師になった兄が突然実家に帰ってくる。職を辞したというのだ。この言葉は、悩めるトニーに対する兄からのアドバイスだ。勇気づけられたトニーは、ディスコ通いも悪友とつるむのもやめて、まっとうな道を歩むことを決意するのだった。

<small>土曜日の夜に仲間とディスコでダンスを踊ることだけが楽しみの青年が、上昇志向の強い年上の女性と出会い、一歩成長する。ジョン・トラボルタのセクシーなダンスシーンにも注目。</small>

彼らは個人の自由についてなら
いくらでも話すだろう。
だけど、実際に自由な個人を見るのは怖いのさ。

They gonna talk to you about individual freedom.
But they see a free individual, it's gonna scare'em.

イージー・ライダー

アメリカ合衆国には封建制度が存在したことがない。つまり、制度としての階級なるものが存在したことがない。だから、誰にでも成功するチャンスが等しく与えられていると言われてきたし（いわゆるアメリカンドリームってやつだ）、"生まれながらの自由主義社会"などと呼ばれてもきた。しかし、本当にそうだろうか。本当にこの国の住民は自由を愛しているのだろうか。自分たちの考える自由の枠外で自由を実践する者たちについては、むしろ積極的に排除してきたのではないだろうか。ハーレーダビッドソンに跨がり放浪の旅をする2人のヒッピーに出会い、彼らに同行することにした弁護士が語る世間のヒッピー差別についてのこの意見を聞くにつけ、その考えはますます正しいような気がしてくる。

ドラッグの密輸により大金を手にしたヒッピーのワイアットとビリーは、ハーレーダビッドソンのバイクに跨がり自由の地を求めて旅に出る。アメリカン・ニューシネマの傑作。

お母さんの知らない取り柄が僕にはある。
それで成り上がってやるんだ！

I have good things you don't know about. I'm gonna be something!

ブギーナイツ

どこにでもいる普通の青年に見えるエディには、実はひとつだけ取り柄があった。最大時には余裕で35センチを超えるペニスがそれである。これを一目で見抜いたポルノ映画の監督は、すかさず彼をスカウトする。バイトを辞めようと考えるエディだったが、スカウトの事実を知らない両親はこれに猛反対。大ケンカの末、家出することを決意した彼が両親に投げかけるのがこのせりふ。誰にだってひとつくらいは取り柄がある。しかし、近しい者ほどそれに気づけないものだ。それが大きなペニスである場合は特に。実際、エディはこの取り柄でもってすぐさまポルノ業界でスターダムにのし上がるのだが、残念なことにというべきか、ことがことだけに両親がそれを知ることはない。つくづく可哀想なエディである。

どこにでもいる平凡な青年が自らの巨大なペニスを武器にポルノ業界でのし上がり、やがて麻薬に溺れて転落するまでを描く、ちょっぴりエッチなビルドゥングスロマン。

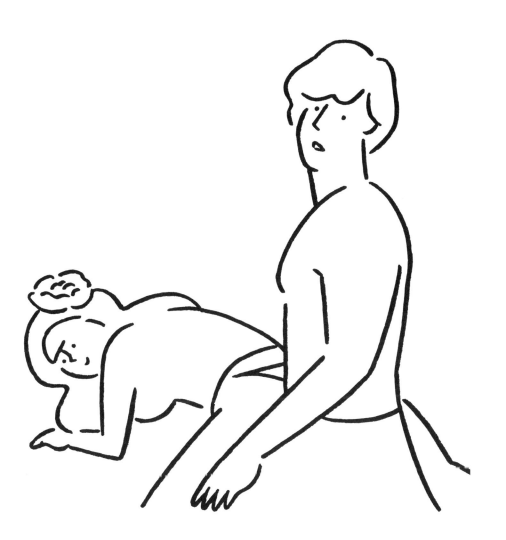

現在の知識を持って過去に戻りたくないか？

Don't you ever wish you could go back with all the knowledge you have now?

ナポレオン・ダイナマイト

ハイスクールに通うナポレオンは、兄のキップと叔母に囲まれて暮らしていた。しかし、叔母がバイク事故を起こして入院してからは、2人の面倒を見るためにやってきた叔父リコとの生活が始まる。リコは学生時代にアメフトの選手に選ばれなかったことを未だに悔やんでおり、口を開けば「俺が選ばれていたら勝てた」とほぞを噛むような男だった。そんな彼のことだから、通信販売でタイムマシンが売られていると知れば飛びつかないわけがない。キップと共同購入しようと持ちかけたリコはこう呟く。誰しもタイムマシンがあればと思うことはあるだろう。しかし、ないものはない。現在とは、現在持っている知識だけで対峙するしかない。それは歯がゆいことではあるが、だからこそ人生は楽しいのだ。

独特なオーラを放つ高校生ナポレオン・ダイナマイトの日常を綴ったコメディ。メキシカンの同級生や出会い系サイトにはまる引きこもりの兄など、登場人物のキャラがみんな濃い。

楽しく生きたきゃ
くよくよ悩んじゃいけないよ。

If you want to be happy, don't think. Don't bump into any walls.

KIDS/キッズ

ジェニーは友人の付き添いとして受けたHIV検査の結果を聞いて衝撃を受ける。陽性だというのだ。にわかには信じられなかった。なんせ彼女にはたった一度しか男性経験がなかったから。お相手である"バージン・キラー"ことテリーにこの事実を伝えるため、ジェニーは彼を探して街を彷徨う。そんな中、乗り込んだタクシーの運転手が、悲しそうなジェニーを見かねてかけたのがこの言葉。こっちは死ぬか生きるかの瀬戸際に立たされているっての に何を暢気なことを言っているのか。ジェニーの立場を考えれば、そう反応しても不思議はなかったと思う。しかし、いかに凡庸な言葉であろうとも、相手のうちから自然と出てきた言葉には癒されるものだ。実際、彼女は束の間かもしれないが元気づけられるのであった。

初めてのセックスでエイズにかかってしまった少女の悲劇を綴る、1990年代を代表するインディー映画。監督であるラリー・クラークは、写真家としてもよく知られる。

少しの間、現実逃避するって最高。

God, it was so nice to get a break from reality for a little while.

スプリング・ブレイカーズ

スプリング・ブレイクとは、アメリカの学校における春休みのこと。この期間になると、全米の大学生たちは西海岸のビーチに集い、どんちゃん騒ぎを繰り広げるという。キャンディをはじめとする4人の女子大生もまた、退屈な日常から抜け出すべくこの祭りに参加するつもりだった。しかし、資金がまったく足りない。そこで彼女たちは強盗をし、あっさり金を手に入れてしまう。かくして、西海岸に渡った4人の行動は（うち2人は途中離脱するが）、だんだんとエスカレートし、最終的には地元のギャングと組んでメイクマネーするまでに。これは刺激的な日々を満喫するキャンディが呟く言葉。青春を謳歌しているように見えて、その実、ゲーム感覚で犯罪を楽しんでいる彼女たちの姿は、痛快であると同時にちょっと怖い。

春休みを満喫すべくカリフォルニアに遊びに訪れた女子大生4人組たちがハメを外すガーリームービー。ジェームズ・フランコが悪ノリで演じる地元のラッパーが可笑しい。

オタクだからモテないと
思ってるみたいだけど、それは違うわ。
あんたの性格がクソだからよ。

You're going to go through life thinking that girls don't like you because you're a nerd.
And I want you to know, from the bottom of my heart, that that won't be true.
It'll be because you're an asshole.

ソーシャル・ネットワーク

マーク・ザッカーバーグは、付き合っているガールフレンドを平然とバカにするような男だ。つまり、とんでもなくサイテーな野郎だ。さらに悪いことに、本人はそれがサイテーであるとは気づいていない。だから、業を煮やしたガールフレンドにこんな風に罵られても、その真意を理解できない。それどころか、腹いせにブログで彼女の悪口を書いたり、ハーバード大学の女学生の顔の格付けサイトを立ち上げたりする始末。どこまでサイテー野郎なんだとも思うが、この経験をきっかけにして彼はFacebookを着想してしまうのだから、人生ってやつは何が起こるかつくづくわからないものだ。その後の彼がどんな道を歩むのかについては、誰もが知っての通りだろう。マークは件のガールフレンドに感謝するべきである。

大学生だったマーク・ザッカーバーグがFacebookを立ち上げて成功を収めるまでを描くサクセスストーリー。しかし、本文に出てくる彼女は映画だけの存在らしい。

普通の暮らしは退屈だけど悪くない。

For all the boredom the straight life brings, it's not that bad.

ドラッグストア・カウボーイ

ボブは仲間とつるんでドラッグストアからめぼしい薬を盗んでは、自分たちでラリったり売りさばいたりしてその日暮らしの生活を送ってきた。しかし、自堕落な生活も長くは続かず、ついに仲間の1人がオーバードーズで亡くなってしまう。これがいい機会だと薬漬けの生活から足を洗うことを決意したボブは、引き止める仲間をよそに更生施設に入り、療養生活をスタートする。そんな暮らしも次第に板に付き始めたある日、また一緒につるまないかと誘いにやってきた仲間の1人に対して、しみじみとボブが語るのがこのせりふ。自分の生活が退屈だと思うなら、そして、それを肯定できないと思うなら、一度すこぶるハードに生きてみるのもいいかもしれない。そうすればきっと、ボブのような境地に至れるはずだから。

仲間と一緒にドラッグストアを襲撃し、めぼしい薬を手に入れてはラリってばかりいたボブ。しかし、ある事件をきっかけにして、そんな暮らしから足を洗うのだが……。

自分の体に何を投与するかを決めるのは俺だ。

I say what goes in my body, not you.

ダラス・バイヤーズクラブ

いったん医療にかかるやいなや、自らの命は医者の手に委ねられる。もちろん、それは全面的に否定されるべきことではない。しかし、ある薬が自分の病気に効果覿面であるにもかかわらず、行政的な理由で使わせてもらえない場合はどうだろう？ あるいは逆に、病院と製薬会社の結託により、副作用が甚大な薬にもかかわらず投与される場合は？ 本作の主人公である電気工にしてロデオカウボーイのロンがケンカを売るのは、こんな利権に塗れた制度医療だ。HIV陽性であると診断されたロンは、治療を受ける一方で自らの病について学ぶ中、業界の腐敗を目の当たりにし、制度医療ときっぱり縁を切る。その後、自ら未承認薬を密輸販売する事業を始めた彼が、権威的な医者に対して吐くのがこの言葉。自分の命のために必死で行動している者の言葉には、常識を超えた説得力がある。

HIV陽性であると診断されたロデオカウボーイが、同じく陽性のドラァグクイーンと連帯して、国内未承認の薬を無料で配る会員制の「ダラス・バイヤーズクラブ」を結成する。

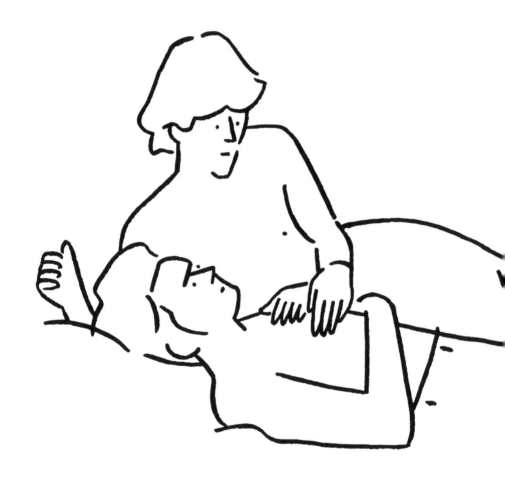

> この道を知っている。俺の道だ。
> 殴られた顔に似ている。
> "いい1日を"と言っている。

I've been on this road before. This is my road. Looks like a fucked-up face. Like it's saying, "Have a nice day" or something.

マイ・プライベート・アイダホ

男たちに体を売って日銭を稼ぐマイクとスコット。同じ穴の狢(むじな)に見える2人だったが、その出自に関してはまるで違った。マイクが親に捨てられた天涯孤独の身であるのに対して、市長の息子であるスコットは父への反発から街娼をしているだけなのだ。そんなある日、2人は一緒にマイクの母を捜す旅に出る。旅路の途中、焚き火をしながらマイクはスコットに愛を告白するが体よく断られる。そればかりか、彼は旅先で出会った女に惚れ、一緒に住むと言い始める始末。1人ぼっちになったマイクは、長い一本道に横たわってこう語る。マイクはスコットと違い、持たざる者である。親も金も、もちろん、家もない。そんな彼にとって、誰でも受け入れてくれるこの道こそが、家のようなものだったのかもしれない。

ナルコレプシーのマイクと裕福な家庭に育ったスコット。男娼として働く2人の少年たちのとりとめのない生活を詩情豊かに綴る。スコット役のキアヌ・リーヴスが初々しい。

これから20年、
俺たちはずっと夏休みだ。

We're gonna be on summer vacation for the next 20 years.

ロード・オブ・ドッグタウン

1975年のカリフォルニア州ヴェニスビーチ。ドッグタウンと呼ばれる町に住むステイシー、ジェイ、トニーの仲良し3人組は、仲間とつるんで毎日のようにサーフィンやスケートボードに明け暮れていた。そんなある日、ステイシーらの溜まり場であるサーフショップの店主は、彼らを束ねてスケートチームを作ろうと決意する。そして結成されたのがZ-BOYSだ。3人はすぐに大会で頭角を現し、まさに20年続く夏休みの幕開けかに見えたが、そうは問屋が卸さない。まずトニーが、次いでステイシーが大企業と契約を結んでしまったのだ。かくして、子どもは大人になり、遊びは仕事になる。それが良いことなのか悪いことなのかはわからない。ただ言えるのは、20年も続く夏休みなんてありえないということだ。

1970年代のカリフォルニアに実在したスケートチーム「Z−BOYS」の栄光と挫折の日々を描く実録映画。彼らの溜まり場であるショップの店主をヒース・レジャーが好演。

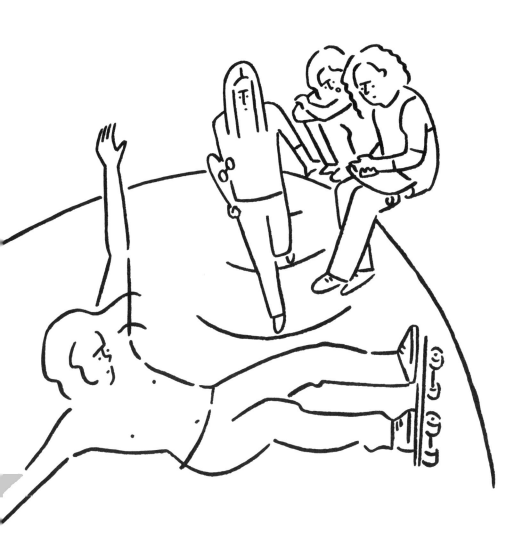

優秀なパイロットは
どんなことでも判断を強いられる。
そして、学んだことを次に活かせる。

A good pilot is compelled to evaluate what's happened so he can apply what he's learned.

トップガン

ピートは海軍の艦上戦闘機のパイロットだ。向こう見ずな操縦が玉に瑕だが、その腕前の見事さは誰もが認めるところだった。そんな彼にトップガンへの異動が命じられる。トップガンとは、エリートパイロットを育成するための航空戦訓練学校の通称だ。憧れの聖地への異動に喜ぶピートは、首席として卒業すべくしゃかりきになって訓練に励むが、ある訓練でヘマをやらかし相棒を亡くしてしまう。以来、すっかり意気消沈し、海軍を辞めることすら考えつつある彼に向かって、先輩パイロットが優しく語りかけるのがこの言葉だ。これはパイロットに限らず生きとし生ける者すべてに通用する言葉ではないか。誰だって何かを判断し、その判断による結果から学び、その学びを次なる判断に活かしながら生きているのだから。

優秀な海軍パイロットのピートの恋と友情を描く青春物語。主演のトム・クルーズほか、ヴァル・キルマーやメグ・ライアン、ティム・ロビンスなどの出世作として知られる。

夢を捨てるのは死ぬことだよ。

When you give up your dream, you die.

フラッシュダンス

18歳のアレックスの夢は、プロのダンサーになること。しかし、現実は厳しく、昼は製鉄所の溶接工として、夜はキャバレーのダンサーとして働き糊口を凌ぐのが関の山だった。このままではダメだと名門ダンススクールの扉を叩こうとするが、正規のダンス教育を受けたことがない彼女はいざとなると尻込んでしまう。そんな彼女を後押ししたのは、製鉄所の若社長であるニックだった。彼女に何とか願書を出させることを決意させたニックは、コネを使ってアレックスが合格するよう仕向けるが、自力で合格したかった彼女は、それを知りニックに怒鳴りつける。加えて、オーディションに行かないと言い始める。そんな彼女に彼が言い返したのがこの言葉。この後、彼女がオーディションに受かったのは言うまでもない。

プロのダンサーを夢見て生きるけなげな少女と、彼女をサポートする男の恋物語。ほとんど映画初出演だった主演のジェニファー・ビールスは、本作の人気によって一躍スターの仲間入り。

おかしいだろ、新しい場所に来たはずなのに、
何もかも同じに見えるんだ。

You know, it's funny... you come to someplace new, and everything looks just the same.

ストレンジャー・ザン・パラダイス

"ここ"ではないどこかへ行きたくなることがある。"ここ"については知り尽くしているから、どこか知らない場所に行きたくなることがある。しかし、"ここ"とは自分のいる場所に他ならない。つまり、どこに行こうとそこは常に既に"ここ"でしかない。だから、"ここ"ではないどこかへなんて行きようがない。一方で、"ここ"について自分はどれだけ知っているのか。自分の体の何を知っているのか。例えば、人は道具なしに自分のつむじを見ることはできない。つまり、自分の体の一部であるにもかかわらず直に目にすることができない。このように、"ここ"であっても未知の部分はたくさんある。本作の主人公のように、新天地に赴いてもすぐに飽きてこう呟いてしまう人は、そんな"未知なるここ"に想いを馳せてみるべきだろう。

賭博に明け暮れる2人の男と、遠方からやってきた1人の女の、恋でも友情でもない不思議な関係性を描いたオフビートなロード・ムービー。ジム・ジャームッシュの初の長編映画。

そして、いつも笑顔を忘れずにね。

魔女の宅急便

魔女の子は13歳の満月の夜に魔女のいない町を見つけて住み、そこで魔女修行を積まねばならない。田舎町に住む少女キキは、このいにしえより伝わるしきたりにしたがって親元を離れて旅に出る。しかし、おてんばなキキが他所でやっていけるのか不安な彼女の母親は、出発寸前に処世の術を言葉で述べる。形にはこだわるな、大事なのは心である、と。それにつけ加えるのが、この言葉。単純であるが、重要である。自分に対しても他人に対しても、いつも笑顔でさえいればだいたいのことは乗り越えられたりするのだから。実際、キキは降り立った初めての大都会を笑顔で乗り切っていたではないか。

魔女見習いの少女が親元を離れて1人暮らしを始め、さまざまな人との出会いを通して大人の階段を上るさまを描いた成長譚。監督の宮崎駿にとっては初めて他人の原作を映画化した作品となる。

いい人間関係を築けるのは馬鹿だけよ。

I think only stupid people have good relationships.

ゴーストワールド

ロサンゼルスの郊外に住むイーニドは、世間に対して斜に構えて生きてきた。親友のレベッカと町をぶらついては、変な奴を見つけて陰口を叩くのが好きだった。しかし、高校を卒業すると事態は一変、今まで通りの生活を続けたいモラトリアム人間のイーニドと、就職して自立しようとするレベッカはすれ違い始める。そんなイーニドにとって、今や冗談半分で付き合い始めた同じく人間嫌いの中年男シーモアだけが、よき話し相手だ。これは彼女がシーモアに言い、そして彼が深く同意した言葉。いい人間関係が築ける者と築けない者、どちらが馬鹿と呼ぶにふさわしいかは火を見るより明らかだ。おそらくイーニドもそんなことはわかっている。閉鎖的な環境に逃げることで、自分の欠点から目を背けているだけなのだろう。

幼なじみのイーニドとレベッカの何気ない日々をポップに綴る。何をするにも一緒の2人だったが、高校を卒業するとその関係に微妙な変化が生じてしまい……。

権力と闘え！

Fight the power!

ドゥ・ザ・ライト・シング

NYのブルックリン。アフリカ系が多く住むこの地域で、イタリア系の店主サルが営むピザ屋「サルス・フェーマス・ピッツェリア」を中心に物語は展開する。この店は長きにわたり近隣住人たちの憩いの場だった。人種は違えどお互い仲良くやってきた。しかし、サルやその息子たちのちょっとした言葉や振る舞いが、一部のアフリカ系住民の怒りを買い、ついには暴動に発展する。この一句は、炎上する「サルス・フェーマス・ピッツェリア」のバックで流れるパブリック・エナミーの同名曲のサビである。かの暴動は果たして政治的に正しかったのかなんてことは各自で考えればよい。ただ、他所からどう見えようとも自分たちの正しさのためなら手段を厭わない彼らの勇気には、学ぶべきところがあると思う。

> ひとつの町で、仲良くやっていたはずの黒人たちとイタリア系のピザ屋が些細なことがきっかけで対立を深め、やがて大きな暴動に発展するまでを描いたブラックムービーの祖。

キャリアは20世紀の遺物だ。

I think careers are a 20th century invention.

イントゥ・ザ・ワイルド

裕福な家庭に生まれ、何不自由なく育ったクリスは名門大学を優秀な成績で卒業する。卒業後はハーバード大学のロースクールに入学するものと思い込んでいた両親の期待をよそに、彼は今まで築き上げてきたものをすべて投げ捨て、名前すら変え、中古のダットサンでアラスカを目指す旅に出る。それはなぜか？ 旅の途中で出会った、ある老人の問いがきっかけでそれは明らかになる。「しっかり教育を受けて、就職したらどうだね？」。対するクリスの答えがこのせりふだ。本当にそうだろうか。未だに社会のあらゆる局面でキャリアは重視されているのではないか。しかし一方で、社会から遠く離れたアラスカではキャリアがまるで役に立たないのは確かだ。つまり、こういうことだろう。キャリアなるものが存在しなかった20世紀以前の生活様式を実践するため、クリスはアラスカを目指したのだ。

物質主義の現代社会に別れを告げ、本当の幸せを探すためにアラスカを目指す青年の冒険譚。原作は登山家でもあるジョン・クラカワーのノンフィクション小説『荒野へ』。

COLUMN

1

映画史上初のワンシーンについて

　建物の出口らしきところから、大量のオバさんたちが矢継ぎ早に溢れ出てくる。その最中を、チャリンコに乗ったオッさんや犬なんかが横切ったりする。彼女たちは、福袋の争奪戦を終えてデパートを後にしているのではない。労働を終えて工場を後にしているのだ。その姿を捉えた『工場の出口』というフィルムが発表された上映会が、現在まで続く映画の起源だとされている。少なくとも、一つのスクリーンに映写された一つの映像を、複数の観客が一堂に会して、お金を払って観るというスタイルが確立した初めての会だとされている。1895年12月28日、フランスはパリでの出来事だ。
　つまり、このオバさんたちの歩みが、世界で初めてのワンシーンであるということだ。この会で同時上映された他の9本の作品と同様に、色も音もなく、編集すらされてない。固定カメラによる長回しの1分少々のフィルムである。にもかかわらず、この"動く写真"を初めて目撃した観客たちは、かなり度肝を抜かれたそうだ。
　世界で初めての映画は、駅に到着する列車を撮った『列車の到着』であるという俗説がある。これを観た観客は「列車が飛び出してくる！」と逃げ惑ったなんて逸話もあるが、事実ではないらしい。『列車の到着』がお披露目されたのはもっと後だということが、今では知られている。個人的には、当時の人々はこうしたわかりやすい逸話を捏造することでもって、映画が人類に与えた衝撃の大きさを後世に残したかったのではないかと勘ぐりたくなるが、定かではない。兎にも角にも確かなのは、「みんなの映画」はこの衝撃の余波の中にあるということだ。

現実から遠ざかれる映画

いつもここにいるよ。

I'll be right here.

E.T.

アメリカのある街に宇宙から謎の生命体が降り立つ。地球の植物サンプルを採集するのが目的だ。しかし、その姿を人間に発見されてしまったからさあ大変。慌てて宇宙船を発進させた一行だったが、1匹だけ取り残されてしまう。ある民家に身を隠したこの1匹は、その家に住む少年エリオットに出会う。"Extra-Terrestrial"略してE.T.と名付けられたこの生命体は、周囲と馴染めないエリオットにとって初めての友達と呼べる存在になる。しかし、どんな関係にも別れはつきもので、それは固い絆で結ばれたエリオットとE.T.にとっても同じだ。迎えにきた宇宙船に乗り込むE.T.が最後にエリオットの胸を指差して、覚えたての英語で囁くのがこの言葉だ。別れの言葉として「さようなら」でも「あばよ」でもなく「いつもここにいるよ」とは洒落た宇宙人だ。

宇宙からやってきた地球外生命体と、周囲と馴染めない少年エリオットの心温まる交流を描くヒューマン・ドラマ。まだあどけないドリュー・バリモアが、エリオットの妹役として出演している。

人間は戦いを好む動物だ。
自分を含むすべての動物と戦う。

He must be a warlike creature who gives battle to everything around him, even himself.

猿の惑星

ある宇宙船団の一行は、オリオン座に属する見知らぬ星に不時着する。あろうことか、この星は人間界とは真逆に猿が支配しており、人間は下等生物と位置づけられていた。なぜか。このせりふに則して考えるならば、人間は争いを好む野蛮な動物だからというのがその理由らしい。むろん、あらゆる動物は縄張り争いや首領争いなどで争っているのだから、人間に限ったことではないとも思うが、本作がベトナム戦争時に製作されたことを鑑みればそうしたメッセージを発したかったのもわからなくはない。しかし、本当に問うべきは、なぜ人は争わないのか、ではないだろうか。実際、いつの時代も戦争は絶えなかったにもかかわらず、人類は絶滅してないではないか。それは争う人より争わなかった人のほうが多かったからではないか。そんなことを考えてみたくなる言葉だ。

地球からスペースシャトルで飛び立った一行がある星に不時着する。そこは何と猿が支配しており、人と猿の関係は地球と真逆だった。乗組員の1人であるテイラーは何とか逃亡を企てるが……。

恐怖に怯えて生きるのはつらいだろ？
痒いところに手が届かないことほど
悪いことはない。

It's painful to live in fear, isn't it? Nothing is worse than having an itch you can never scratch.

ブレードランナー

2019年の地球。人類はレプリカントなる人造人間を発明し、宇宙探索などにおける危険な労働に従事させていた。始めこそロボット然としていた彼らだったが、数年もすると人間らしい感情が芽生え、人類に反旗を翻し始める。そこで彼ら彼女らを処刑すべく結成されたのが、専任捜査官集団ブレードランナーだ。特に問題視されたのは、人を殺害して脱走した新型レプリカント6体。彼ら彼女らの目的は明白で、予めセットされた4年という寿命を開発者に直訴して延ばすことだった。そんなレプリカントの1人が、仲間が目の前で殺されたことにショックを受け、処刑人であるブレードランナーのデッカードに暴力を振るいながら語るのがこのせりふ。ほとんど人間でありながら人間としては扱ってもらえないレプリカントの寄る辺なき怒りは、現代に通じる倫理的な問いすら、はらんでいるのではないだろうか。

原作はフィリップ・K・ディックの小説『アンドロイドは電気羊の夢を見るか?』。映画自体の作り方としては、1940年〜50年代に流行したフィルム・ノワールというジャンルの映画を参照している。

何事も為せば成る。

If you put your mind to it, you can accomplish anything.

バック・トゥ・ザ・フューチャー

「為せば成る、為さねば成らぬ何事も」という諺がある。行動さえ起こせば成果は得られるという意味だ。何かしらの行動を起こさなければ、何の成果も得られないというのは本当だろう。しかし、何かしらの行動を起こしたところで、何の成果も得られないことがある。というか、世の中にはそんなことのほうが多い。ここから道は二つに分かれる。それならば動かないという道と、それでも動くという道に。発明家であるドクはこの言葉を口癖にして後者を選んだ。そして、タイムマシンを見事に完成させた。加えて、この口癖は彼を慕う青年マーティが自身の未来を変えるべく行動するためのきっかけにもなった。動かないことを選ぶのもそれはそれで有意義だろう。しかし、よりダイナミックな人生を歩みたいなら動くべきなのだ。

発明家ドクが開発したタイムマシンで過去を訪れた青年マーティが七転八倒するSFコメディ。ちなみに、ドクを演じたクリストファー・ロイドはこのときたったの47歳である。

死のうが生きようがお前を連行する！

Dead or alive, you coming with me!

ロボコップ

生きているうちが花である。死んだらそれまでである。普通の人ならそう考えるだろう。しかし、正義感に篤いマーフィー巡査の考えは違うらしい。なんせ治安最悪の地域に派遣された彼は、警官殺しの連続犯である極悪の犯罪者集団に向かって高らかにこう叫ぶのだから。見上げた根性だとは思うが、端的にいって語義矛盾である。だって、死んだら連行できないではないか。実際、マーフィーはかの集団になぶり殺され、彼らを取り逃がしてしまう。やはり、死んだらそれまでである……と思いきや、あろうことかマーフィーは蘇ってしまう。彼の生体部分を部品として再利用したロボット警官「ロボコップ」として。そして、例のチンピラ集団を皆殺しにしてしまうではないか。彼の言葉に嘘はなかったのだ。ただし、「連行」は叶わなかったけれど。

犯罪集団に殺されながらも、最新のロボット技術により「ロボコップ」として生まれ変わった警官の活躍を描く。2014年にはリメイク版の「ロボコップ」も公開された。

なぜ我々は欲を崇拝するのか？
見えないところで奴らが管理しているからだ。

Why do we worship greed? Outside the limit of our sight they're feeding off us.

ゼイリブ

人はなぜブランドものを買うのか。デザインがいいからだろうか。あるいは、機能性がいいからだろうか。では、その何かと同じデザイン、機能性を持っていたなら、しかじかのブランドのものでなくても買ったのか。実のところ、デザインや機能性などどうでもいいのではないか。"しかじかのブランドのものである"というただそれだけの理由で買っているというのが真実ではないか。では、なぜしかじかのブランドのものでなければならないのか。おそらくは、このブランドが世の中的に"いいものである"とされているからではないのか。つまり、人はブランドものを買っているのではなく、買わされているに過ぎないのではないか。ここにこそ、現代消費社会の闇がある。そして、本作が全編にわたって痛烈に皮肉るのは、まさしくこの闇にほかならない。

近い未来の地球では謎の生物たちが人間の顔をして暮らしていた。特殊なサングラスをかけたことでそれを知った労働者階級の男が彼らに戦いを挑む。長過ぎるプロレスシーンも見ものだ。

あなたはどこも劣ってない。非凡なだけよ。

You're not handicapped. You're... What do they call that? Exceptional.

シザーハンズ

世の中というものは、多数派の身体に最適化されて設計されている。例えば、五本指がない者よりは五本指がある者のほうが多数派であるからには、後者が暮らしやすいように設計されている。そんな世の中にあっては、前者は後者より「○○ができない奴」と見なされながら暮らすことになる。本作の主人公であるエドワードは、五本指がないどころか手がハサミだ。彼にできないことを挙げればキリがない。しかし、別な視点からエドワードを見てみると、彼にしかできないことがあることもわかる。少数派の「できない」ことを挙げ連ねて貶(おとし)めるのではなく、「できる」ことだけを見てそれに敬意を払えるような世の中を当の本人たちと設計すること。それこそが多数派のすべきことではないか。エドワードの意中の人が彼にかけたこの言葉を聞いてそう思った。

町外れに住む発明家によって作り上げられた人造人間のエドワードは手がハサミである。そんな彼がひょんなことから町へ連れ出され、たちまち人気者になり、出会った少女と恋に落ちる。

剥き出しの力こそが
より多くの問題を解決してきたのだ。
暴力では何も解決しないという意見は
最悪の希望的観測に過ぎない。

Naked force has resolved more issues throughout history than any other factor.
The contrary opinion, that violence never solves anything, is wishful thinking at its worst.

スターシップ・トゥルーパーズ

本作における未来の地球人は、兵役経験がある「市民」とそれがない「一般人」という二つの階級に分断されている。そして、「市民」たちは、異星で昆虫型宇宙人と戦争を繰り広げている。理由は定かではないが、勝ち目がなさそうな戦いに嬉々として身を投じている。そんな地球にあっては、暴力こそが問題解決の手段であるとされている。暴力では何も解決しないなんてのは"最悪の希望的観測"であるとされているのだ。バカを言うなと思うだろうか。しかし、平和的解決なんてものは、この地球上においてすらただの一度も実現してないではないか。歴史的にはそう見なされている案件ですら、その裏では多くの血が流されているではないか。それでもなお、"最悪の希望的観測"を説得的に語るには、何重にも頭を捻る必要があるだろう。地球人にその準備があるのか？ 本作はそう問いかけている。

原作はロバート・A・ハインラインの小説『宇宙の戦士』。宇宙で巨大な昆虫と戦争を続ける人類に、果たして未来はあるのか？ 随所に挿入されるプロパガンダ映像のパロディが面白い。

健康な人間は憎むべきことには
恐怖と吐き気で反応するものだ。

When we're healthy, we respond to the hateful with fear and nausea.

時計じかけのオレンジ

チンピラ集団「ドルーグ」のリーダーであるアレックスは、日夜無軌道な暴力とセックスに明け暮れていた。しかし、そんな日々は警察に捕まったことによりあっけなく終わりを告げ、アレックスは「ルドヴィコ療法」なる治療を受けることに。これは被験者を椅子に縛りつけ、クリップでまぶたを開いた状態で固定し、残虐な映像を強制的に見せ続けるというものだ。これにより、暴力やセックスに対して吐き気を催すように調教された彼は釈放される。治療に立ち会った看護婦のこの言葉を信じるなら、アレックスは健康な人間になったということなのだろう。しかし、件の看護婦には問い返す必要がある。この暴力的な治療に従事した医者たちは吐き気など催してないではないか？ お前らは健康ではないのか？「目には目を」なる論理の不気味さがここにはある。

アンソニー・バージェスによる同名小説が原作。劇中、アレックスがある人物に暴力を加えるシーンで『雨に唄えば』を口ずさんだのは、演じたマルコム・マクダウェルのアドリブだったとか。

人類が幸せに生きる唯一の道は
何も知らないでいることなんだ。

The only way these people get on with their happy lives is they do not know about it.

メン・イン・ブラック

実は、地球上には1500ものエイリアンが人間に姿を変えて暮らしている。"メン・イン・ブラック"の役目は、人類に彼らの存在を知らせないことだ。誰かがその事実を知ってしまった場合には、謎の赤い光を浴びせてその間の記憶を消去してしまう。なぜそこまでするのかといえば、知ったら人類が不幸になるからだそうだ。確かに、自分の隣人がエイリアンかもしれないと思うと、得体の知れない恐怖に苛まれそうな気はする。しかし、一方でこうも思う。国民には国政の動きを「知る権利」があり、これがなくては民主主義も国民主権も成り立たない。エイリアンならまだしも、国家が国民に知られたくない事実を何でもかんでも隠し始めたら？ 知った者は記憶喪失にさせられていたら？ ありえそうだからかなり怖い。

謎の組織"メン・イン・ブラック"が地球に有害な宇宙人と戦う。ちなみに、本作では宇宙人を倒していたトミー・リー・ジョーンズは、現在日本の某缶コーヒーのCMで宇宙人を演じている。

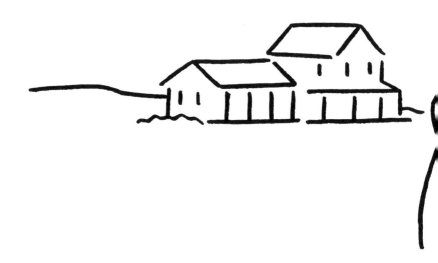

インターステラー

舞台は滅びる寸前の近未来の地球だ。そこでNASAは新天地を探すべく幾人かの識者を宇宙に送り込むことにした。一行はまず手近な星に降り立ってみたが、どうにも人類が住めそうにない。そこで第二候補としてどの星に向かうかが乗組員の中で議論される。候補は2つあった。星Aが妥当であると考えた者が多数派だったが、女性乗組員アメリアだけは星Bに向かうべきだと異を唱える。その理由は、先にこの星に降り立った者がいるからで、かの人は自分の恋人であるからだという。そして、彼が自分たちを呼んでいるのが感じられるという。総スカンを食らう中、アメリアが反論として語るのがこの言葉だ。物理学者らしく表現しているが、非論理も甚だしい。しかし、いかに筋が通ってなくても、言わなければならないことがときにはあるのだ。

近未来の滅亡の危機にさらされた地球を舞台にして、移住できる惑星を探してスペースシャトルで飛び立った乗組員たちと、地球に残ったその家族の絆を描いた感動的なファミリー・ドラマ。

愛は人間が発明したものじゃない。
観察可能で力強い何かよ。

Love isn't something we invented. It's observable, powerful.

すべての出来事には理由があると
俺は信じているんだ。
俺たちはこのゴミ捨て場から
放り出されるべく運命づけられていたのさ。

I believe that everything happens for reason.
I believe that we were destined to get thrown out of this dump.

ゴーストバスターズ

コロンビア大学で超常現象や幽霊の研究を行っていたピーターを含む3人の研究者たちは、これといった成果を出せないまま大学側からの研究費をついに打ち切られる。2人の同僚たちはこの決定に意気消沈したが、ピーターはあっけらかんとこう呟く。そして、彼らを巻き込み、科学の力で幽霊退治を行う会社「ゴーストバスターズ」を開業してしまう。当初は大した仕事がなかった。しかし、あるホテルでの幽霊退治を成功させてからは、ビジネスは軌道に乗るわ、メディアや行政から注目されるわで、大忙しになる。世の中というものは理不尽なことばかりで嫌になることが多い。しかし、どんなにネガティブに思えることがあろうとも、ポジティブに捉え直してみること。そうすれば、自ずと道は開けてくるものだ。ピーターが教えてくれるのは、そういうことだろう。

幽霊退治会社「ゴーストバスターズ」の活躍を描くアクション・コメディ。人気バラエティ番組「サタデー・ナイト・ライブ」出身のビル・マーレイは、本作で俳優としての知名度を上げた。

決して諦めなければ、
幸運が君を見つけてくれる。

Never give up hope and Good luck will find you.

ネバーエンディング・ストーリー

いつからか人はファンタジーの力を信じなくなってしまった。しかし、それでいいのか。本作はそんな地点から物語を立ち上げる。あらましはこうだ。ある日、いじめられっ子の少年バスチアンは『ネバーエンディング・ストーリー』という名の小説を手にする。舞台は異世界ファンタージェン。"虚無"に飲み込まれて崩壊寸前であるというかの地を救うよう命じられたアトレイユの冒険物語だ。そんな物語を通じて、作者は"虚無"に侵された現代人とファンタジーの絆を再生しようと目論んでいる。この冒険＝企ては容易ではない。いくつもの難関が待ち受けているだろう。根負けしそうになり、弱音を吐くアトレイユに対して、彼の味方であるファルコンはこう助言する。もちろんこれは、ファンタジーの力を信じるすべての人にも向けられていると考えるべきだろう。

読書好きでいじめられっ子の少年が、たまたま入った古本屋で出会った『ネバーエンディング・ストーリー』という冒険小説を読み、その主人公に自分を重ね合わせるアドベンチャー・ファンタジー。

真実なんてクソったれの
ためのもんだよ。

The truth is for suckers, Johnny boy.

マルコヴィッチの穴

あるオフィスの壁にあいた穴を通ると、なぜか実在する俳優ジョン・マルコヴィッチの身体を15分だけ乗っ取って操作できるようになる。本作はそんな穴を発見してしまった者たちの物語だ。ただの一般人がセレブであるマルコヴィッチを操作できるということでこの穴は評判を呼び、代わる代わるさまざまな人たちが彼を操作して遊びまくる。迷惑なのはマルコヴィッチだ。操作されている時間は心神喪失状態になり、意識が戻ると身に覚えのないことをしていたことになっているのだから。困り果てたマルコヴィッチは友人のチャーリー・シーンに相談するがとりあってもらえない。それどころか「ラリってたのか？」などと言われる始末。「本当だ！」と食い下がるマルコヴィッチをシーンはこう一喝する。こんなに強気な姿勢でいられたら、生きるのがもっと楽になりそうだ。

入ると誰でも俳優ジョン・マルコヴィッチになれるという穴を見つけてしまった者たちの悲喜劇。ビースティ・ボーイズのMV製作などで知られるスパイク・ジョーンズの映画初監督作である。

COLUMN
2

映画史上初のセリフについて

　1927 年、アメリカ合衆国で『ジャズ・シンガー The Jazz Singer』と名付けられた映画が公開され、話題を呼んだ。物語はなんてことない。ユダヤ人青年のジェイキーが、その出自を偽ってジャズ・シンガーとして成り上がるというサクセスストーリーである。では、なぜそんなに話題を呼んだか。かの作品は世界で初めての長編トーキー映画だったからだ。トーキー映画というのは、映像とセリフをシンクロさせた有声映画のことである。今の映画しか知らない人には想像できないかもしれないが、発明当初の映画に音はなかった。セリフも音楽もフィルムそれ自体には付いてなかったのだ。
　最新技術の多くがそうであるように、当時の映画人は有声映画など邪道であり一般化されるわけがないと思っていたらしい。その辺の事情に関しては、名作ミュージカル映画『雨に唄えば』や、最近で言えば『アーティスト』を観るとよくわかる。
　それはともかく、『ジャズ・シンガー』だ。世界初の有声映画であるからには、もちろん、世界初の映画のセリフもこの中にある。ラスト近く、ステージ上で一曲唄い終わったジェイキーが、次の歌へと入るその合間に叫んだ「待ってくれ。あんたはまだ何も聴いちゃいない！"Wait a minute! Wait a minute! You ain't heard nothin' yet !"」というのがそれだ。「待ってくれ、お楽しみはこれからだ！」という邦訳のほうが有名なので、そっちなら知っている人もいるかもしれない。音声を獲得した映画それ自体の未来について語っているかのような洒落たセリフだが、実はこれ、俳優のアドリブだったらしい。

スリルを味わえる映画

アインシュタインは2度も落第した。
ベートーヴェンは耳が聞こえなかったし、
ヘレン・ケラーは目が見えなかった。
チャンスはあるはず。

Einstein flunked out of school twice. Beethoven was deaf, and Helen Keller was blind.
I think Rocky has a good chance.

ロッキー

ロッキーはボクサーである。しかし、それだけでは食っていけないので、借金取りの真似みたいなことをして日銭を稼いでいる。意地悪くいうなら、ボクシングが趣味のチンピラだ。そんな彼のもとに、ひょんなことから世界王者との対戦の話が舞い込む。周囲の者たちは「やるだけ無駄だ」と嘲笑うが、ただ1人ロッキーが想いを寄せる女だけはこう言って励ます。何度も落第しようとも相対性理論は発見できるし、難聴であろうとも名曲は作れるし、重複障害者であろうとも社会に貢献できる。ことほどさように、マイナスからスタートした成功者は少なくない。だから、チンピラであろうとも世界王者に勝てるはずだと励ますのだ。これに奮起したロッキーはハードなトレーニングを重ねて王者に挑むのであった。

フィラデルフィアに暮らすしがないボクサーのロッキーが、周囲の人の愛情に支えられながら、世界ヘビー級チャンピオンと戦う姿を描くスポ根映画の名作。

何も終わっちゃいない！

Nothing is over!

ランボー

ベトナム戦争からの帰還兵であるランボーは、戦友を尋ねて訪れた街で身なりや顔つきが悪いという理由で保安官から屈辱的な仕打ちを受ける。より端的に言えば、帰還兵であるという理由でそんな仕打ちを受ける。これにキレたランボーは彼らに宣戦布告。見かねた元上官は「もう戦争は終わったんだ」と諭すが、ランボーに言わせればこれっぽっちも終わってない。実際、戦争の余波は至る所に生じているではないか。戦地では英雄として遇されていたのに、帰還してみれば人殺しのように扱われ駐車場の警備員の仕事にすら就けないし、おまけに心的外傷後ストレス障害の症状も感じられるではないか。一度始まった戦争は、当事者たる国家間で講和条約や休戦協定が締結されれば終わるなどと考えるのは大間違いだ。一度始まった戦争は二度と終わらないのだとランボーは言っているのだ。

ベトナムからの帰還兵であるランボーが、訪れた先の町で理不尽な扱いをされたことに激怒。かの町の公権力に対してたった1人で宣戦布告する。

「富と栄光のために命を捨てるの？」
「かもな……でも、今日じゃない」

You'll die chasing after fortune and glory.
Maybe……but not today.

インディ・ジョーンズ／魔宮の伝説

インディ・ジョーンズは考古学者であり冒険家である。彼とその一行はたまたま訪れたインドの僻地の村で長老からこんな話をされる。なんでも村を守っていた聖なる石が邪教集団に盗まれたらしい。ついては、取り戻してきてくれないかというのだ。好奇心旺盛なインディはこの頼みを快く引き受け、集団の本拠地である宮殿を訪ねる。かの宮殿は、表向きはセレブたちの社交場という趣なのだが、裏では日夜ヤバい儀式が執り行われており、例の石はこの儀式で使われていた。儀式が終わるタイミングを見計らって石を取り返そうとするインディを制止する連れの女に、彼が言い放つのがこの言葉。俗に言う、根拠のない自信というやつである。しかし、根拠のない自信がなければ冒険家など務まらないということだろう。

考古学者にして冒険家のインディ・ジョーンズが仲間とともに活躍する人気シリーズの第2弾。今回はインドの奥地に潜伏する邪教集団を打倒する。

距離を置いて見ると
どこに何があるかわかるのさ。

It all makes sense when you look at it right. You gotta like stand back from it, you know?

ユージュアル・サスペクツ

いわゆるひとつの"大どんでん返し映画"である。つまり、観る者をあっと驚かせるような結末が用意されている映画である。とはいえ、事前にそういう情報を頭に入れて観ると、大したどんでんは返ってない。ある集団が起こした事件の黒幕が、その中でもとりわけ弱そうな奴だったというだけだ。この言葉は、事件の真相を追求する警官に先輩警官がふと漏らす言葉であり、これによってかの警官は黒幕が誰なのかを知ることになる。しかし、その時点で黒幕は既に釈放されているので、後の祭りでしかないのだが。細かいことにこだわっていると重要なことを見逃してしまうなんてことは、かの警官でなくてもよくあることだ。もちろん、その逆も然りであるから、生きるというのは難しい。要はバランスが大事という話だろう。

正体不明の弁護士が計画した銃器強奪計画。これに巻き込まれた5人の前科者をめぐるクライム・サスペンス。タイトルの意味は"常連の容疑者"。

仲間を売るな。決して口を割るな。

Never rat on your friends, and always keep your mouth shut.

グッドフェローズ

本作によれば、ギャングになるには、どんなことがあっても仲間を売ってはいけないし、口を割ってはいけないという。子供の頃からギャングに憧れていたヘンリーは、この掟を守ることによって、仲間からの信頼を勝ち取り、成り上がる。そして、しばらくの間はギャングとして悠々自適な生活を送る。しかし、ある事件に関わってしまったことをきっかけとして、彼は仲間から命を狙われることになる。そこでヘンリーはどう行動したか。あろうことか保身のために警察に口を割り、仲間を売ってしまうのだ。つまり、ギャングとして死ぬことより、ギャングでなくなってでも生きる道を選ぶのである。生き延びるとは、恥ずべき妥協に身を委ねることだ。本作が教えてくれるのもおそらくそんなことだろう。

実在したギャングの悲しい末路を描いた実録映画。物心ついた頃からギャングに憧れを抱いていたヘンリーは、念願叶って組織の仲間入りを果たすが……。

バカ野郎たちは歳を重ねれば
ワインのように熟成すると思ってやがる。
本当は酢になるばかりだ。
歳食ってよくなるもんなんかねぇのさ。

Motherfuckers who thought their ass would age like wine.
If you mean it turns to vinegar, it does. If you mean it gets better with age, it don't.

パルプ・フィクション

上手に歳を重ねるのはどうしてなかなか難しい。若き日に思い描いていたあれこれは何一つ実現していない。本作の主人公の1人であるブッチがいい例だ。かつてはボクサーとして成り上がることを夢見ていたが、気づけばすっかり落ち目である。しまいには、ギャングのボスにこんなことを言われて、八百長試合を頼まれる始末だ。しかし、問わなければならない。酢で何が悪いのか、ワインよりよっぽど体にいいではないか、と。ある日本の歌手もこう唄っていたではないか。「憧れ描いた夢はちょっと違うけれどこの場所で戦うよ」と。重要なのは、酢であることをいかにして肯定するかであり、酢としていかに戦うかである。この後、ブッチは負けるはずの試合に勝ってしまったのは言うまでもないだろう。

クエンティン・タランティーノ監督の出世作。ギャングにまつわる3つの話が時系列を交錯させながら展開する。落ち目だったジョン・トラボルタは本作で見事復活。

すべての希望を失うってのは
自由になることだ。

Losing all hope was freedom.

ファイト・クラブ

近年、最低限のモノだけで暮らすミニマリストなるライフスタイルが流行しているという。彼ら彼女らに言わせれば、「モノの時代はもう終わり。これからはコトやコミュニティの時代」らしい。本作は以上のようなミニマリストの出現を予言していたと言える。なんせ大量消費社会の虚しさに嫌気が差した者たちが、「ファイト・クラブ」なるコミュニティを立ち上げ、殴り合うというコトを通して生の実感を取り戻そうとする姿を描くのだから。しかし、話はそれで終わらない。彼らはより自由になるため、希望すらも捨てて社会を撹乱すべくテロ行動に精を出し始めるのだ。現実のミニマリストたちはどう思うだろうか。ファイト・クラブのようなテロ集団が各地で問題化している世情を鑑みれば笑ってばかりもいられないだろう。

不眠症に悩むジャックは、飛行機の中で出会った石鹸販売員のタイラーと意気投合。殴り合い目当ての男たちを集めた秘密結社「ファイト・クラブ」を結成する。

もう一度あんたのケツを
ひっ叩くまでは帰せないよ。

Oh you know I can't let you go without tapping that ass one more time.

デス・プルーフ in グラインドハウス

ひと昔前までは、映画において女が主体的に行動することは極めて稀だった。あるとしても、男たちに暴行を加えられたことに対する復讐という形をとっていた。男たちは己の意志で悪者をやっつけているのに、女たちは誰かにレイプされることなしには悪者をやっつけさせてもらえなかったということだ。そんな形で映画においても男女の不平等は存在していたということだ。しかし、本作のヒロインたちは違う。確かに悪者に命を狙われはするものの、それによって深い傷を負わないまま、主体的にかの悪者をやっつけようとする。こう叫びながら、1970年型ダッジ・チャレンジャーで悪者の車のリアに体当たりしまくる。女が男に犯されるだけの時代は終わりだ。これからは女も男を犯すぞ。彼女たちはそう宣言しているのだ。

自分が運転する車を凶器にして女たちを殺していくスタントマンと、彼に仕返しを企てる女たちの攻防戦を描く空前絶後のカーアクション・ムービー。

狂気とは知っての通り重力みたいなもの。
必要なのは軽い一押しだけ。

Madness, as you know, is like gravity. All it takes is a little push.

ダークナイト

バットマンはただの人である。過剰に武装はしているが、ミュータントではなくただの人である。一方、彼の宿敵であるジョーカーもただの人である。狂っているが、モンスターではなくただの人である。つまり、これは人VS人の戦いなのだ。であれば、人のことをよく知っているほうが勝つことになるだろう。その点、ジョーカーのほうが明らかに上手だ。例えば、彼は以下のことを弁えている。人は重力に抗えない。だから、落ちたら落ちきるしかない。これは人の心理についても同じだ。何かのはずみで堕落したら堕落しきるしかない。そうした事実を踏まえて作戦を練る。一方、バットマンはただの人なのにもかかわらず、マントを羽織ることで重力に抗おうとするような奴だ。どちらに軍配があがるかは目に見えている。

ゴッサム・シティを舞台に繰り広げられる、バットマンと宿敵ジョーカーの攻防を描く。ジョーカーを演じたヒース・レジャーの鬼気迫る演技には脱帽。

お前らの暴力をみんな黙って見ている。
それが許せないんだ。

You're just three assholes laying into one guy while everyone else watches.
And you wanna know what's wrong with me? Yeah, I'd rather die.

キック・アス

誰だって一度くらいはヒーローに憧れたことがあるだろう。デイブもその中の1人である。しかし、前者とデイブはある一点において決定的に異なっていた。なんせデイブは実際にヒーローに扮して町の治安を守るために立ち上がってしまうのだから。そして、暴漢に襲われている男を救うべく彼らに戦いを挑んでしまうのだから。もちろん、特殊能力もなければ格闘技を習ったこともないデイブは、こてんぱんにやられてしまうだろう。しかし、それでも立ち上がりまた戦いを挑むのであった。怪訝に思った敵の1人が、何で見ず知らずの奴のためにそこまでするのかと問えば、その現場をただ見守るばかりの野次馬たちに向けてこう答える。彼の戦いは、暴力の主体だけでなく、それを許してしまう環境にも向けられているのだ。

ヒーローに憧れるオタク青年が、ネットで購入したボディスーツを着て勝手にヒーロー活動を始めてしまうコメディ・アクション。

あまり思い詰めずに気軽にやる。
色んな奴を見てきたがそれが一番だ。

Don't worry so much. Relax, Killer. You're gonna be all right. I know. I've seen a lot of people.

タクシードライバー

この世界は間違っているんじゃないかと思えるときがある。とにかく絶対的に間違っているとしか思えてならないときがある。俺の人生が上手くいかないのはそのせいなんじゃないか。今すぐ何か行動を起こさなくてはならないんじゃないか。タクシードライバーであるトラヴィスは、そんな焦燥感にかられて居ても立っても居られなくなる。老兵たちは若気の至りだといって笑うだろう。実際、年上の同僚にこの焦燥感について相談しても、こんな言葉がかえってくるばかりだ。しかし、こちらはそんな処世術を聞きたいのではまるでない。トラヴィスは意を決して行動を起こす。それで世界の間違いが是正されるかどうかなどもはや知ったことではない。それでもなお行動を起こさなければやってられないときが若者にはあるのだ。

タクシードライバーとして働く孤独なトラヴィスは、14歳の売春婦を救うべく、売春宿への襲撃を決意する。トラヴィスを演じたロバート・デ・ニーロの出世作。

狂信者は常に心に疑念を抱いている。

And the fanatic is always concealing a secret doubt.

裏切りのサーカス

悪いことは言わないから、スパイにだけはならないほうがいい。なぜなら、スパイっていうのは人にとって一番大事な"信じる"という感情をまず捨てなくてはならないからだ。本作を見るとそれがわかるだろう。本作が描くのは、東西冷戦下のイギリスの秘密情報局の内部において繰り広げられる「もぐら」狩りである。つまり、二重スパイ探しである。本件を担当することになったスマイリーが調査を進める中で明らかになったのは、だいたいの同僚が二重、三重にスパイであるということであり、そんな界隈においてはわずかに何かを信じると命取りになるということである。本件のカギを握るKGBのボスについてスマイリーが語る言葉を聞けばわかる通り、常に疑念を抱いてないとスパイとして生き残ることはできないのだ。

イギリスの諜報機関「サーカス」内に二重スパイ「もぐら」がいることが発覚。ベテラン諜報員のジョージ・スマイリーが「もぐら」を探すべく調査を開始する。

信じがたいことに、
人は自らが傷つけられる恐怖よりも、
誰かを不愉快にさせる恐怖のほうが強いのだ。

It's hard to believe that the fear of offending can be stronger than the fear of pain, but you know what? It is.

ドラゴン・タトゥーの女

こんな状況を思い浮かべてほしい。あなたはある事件の調査をしており、犯人と思しき人物を突き止める。そして、証拠を見つけるために、かの人物の家に留守中を狙って忍び込む。ところで、かの人物はあなたの知り合いだ。道で会えば話をする程度の仲だ。あなたは今、そんな人物の家に忍び込んでいる。しかし、運が悪いことに、帰宅したかの人物に見つかってしまう。さて、ここであなたは逃げるだろうか。きっと逃げない。少なくとも、本作の主人公であるミカエルは逃げなかった。それどころか、平静を装って会話を始めてしまう。その後、彼は監禁されてしまうのだが、なぜ逃げなかったのか。かの人物に言わせれば、この言葉の通りらしい。恐怖の最中にある人間の心理とは不思議なものだ。

40年前に起きた娘の失踪事件の真相を突き止めてほしい。スウェーデンの大富豪に依頼されたジャーナリストのミカエルは、天才ハッカーと調査を開始する。

すまない。我慢できなかった。

I'm sorry. I couldn't resist.

ジャンゴ 繋がれざる者

南北戦争前夜のアメリカ南部。賞金稼ぎのシュルツはジャンゴという名の黒人奴隷を商人から半ば強引に買い取る。ジャンゴが自分の次なる獲物の顔を知っているというからだ。といって、彼はジャンゴを奴隷として扱うことはなく、鎖で繋ぐこともない。そればかりか、例の獲物を捕らえた後は、ある農園で奴隷をさせられているジャンゴの妻を取り戻す手伝いすら厭わない博愛主義者である。しかし、そんな博愛ぶりが裏目に出る。かの農園主キャンディが度を超した差別主義者だったからだ。自分も差別主義者を装いジャンゴの妻を買い取ろうと試みるが、キャンディのレベルについていけず契約締結寸前でこう呟くと彼を撃ってしまう。そして、自らも撃たれてしまう。こんなときでも謝罪を忘れないのはいかにも彼らしい。

腕利きガンマンである元黒人奴隷ジャンゴは、賞金稼ぎのドイツ人歯科医シュルツとともに奴隷市場で生き別れた妻を取り返すべく、極悪な農園領主のもとを目指す。

「どこにいたの？」
「死をエンジョイしてたのさ」

Where the hell have you been?
Enjoying death.

007 スカイフォール

今、００７ことジェームズ・ボンドはイスタンブールで任務の真っ最中である。それというのは、あるハードディスクを持って逃走する敵を捕まえることである。走行する列車の屋根の上で攻防戦を繰り広げるボンドだったが、あともうちょっとのところで、あろうことか味方の放ったライフルの弾に当たり列車から転落、そのまま川の底に消えてしまう。ボンドは死んだ。ＭＩ６の誰もがそう思っていた。しかし、ある夜、ボンドの上司が家に帰ると、そこに彼がいるではないか。そこで２人の間で繰り広げられるのが、このやりとりだ。「死をエンジョイしてた」とはなかなかキザではあるが、人生で１度くらいは言ってみたい。例えば、デートに遅刻したときとかはどうだろう。「そのまま死んでろ！」と言われておしまいか。

英国諜報員ジェームズ・ボンドの活躍を描く大人気アクション映画シリーズの第２３弾。今回は００７の上司であるＭの隠された過去が明かされる。

鷲がカラスから教えを受けようとすれば
時間を無駄にする。

The Eagle never lost so much time. As when he submitted to learn of the crow.

デッドマン

とある町を訪れ、ひょんなことから殺し屋たちに追われる身となった会計士のウィリアム・ブレイクは、瀕死の重体で逃げ惑う中、ノーボディという名のインディアンに助けられる。ノーボディが彼の名前にいたく興味を示したのは、深く敬愛する詩人ウィリアム・ブレイクと同じ名前だったから。以後、2人は安楽の地を求めて旅をすることになるのだが、いつしかノーボディはブレイクを詩人ウィリアム・ブレイクとして遇するようになり、ことあるごとにブレイクの詩を暗唱する。これもそのひとつで、『天国と地獄の結婚』に収められた「地獄の格言」の中の一節だ。自分の身の丈に合わないことをしても時間の無駄だから、それぞれの持ち場で、それぞれの仕方で、それぞれのライフスタイルを極めよということだろう。

仕事を求めてある町を訪れた会計士の男が、見知らぬ恋人たちのいざこざに巻き込まれた末に被弾。瀕死の重体のまま心優しきインディアンと逃亡するはめに。

死は免れないし、成功する確率も低そうだな。
で、何を尻込みしているんだ？

Certainty of death, small chance of success......What are we waiting for?

ロード・オブ・ザ・リング　王の帰還

全世界を闇の支配下に置くことのできる魔法の指輪を捨てるため、滅びの山を目指すフロド。そんな彼の前に、指輪を狙うサウロンが大軍を率いて立ちはだかる。フロドの仲間たちはこれに応戦すべく策を練る。しかし、多勢に無勢である。ミッションはインポッシブルである。死は免れないし、勝てる見込みはほとんどない。でも、やるんだよ！開口一番にそう訴えたのは勇猛果敢な戦士ギムリだ。かくして、決起した仲間たちはサウロン軍に立ち向かい勝利を収める。フロドも火口に辿り着き無事に指輪を葬り去ることに成功する。闘争とは、自分たちのためにすべきことではない。自分たちがいないかもしれない明日の世界のためにすべきなのだ。

闇の力を持つ指輪を葬り去る使命を与えられたフロドと、彼を手助けする仲間たちの冒険を描いた一大スペクタクル『ロード・オブ・ザ・リング』シリーズの完結編。

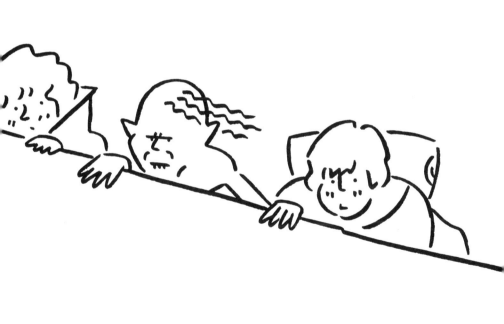

俺は木が好きなんだ。
山の中の木はすべて違っている。
そこがいい。

I like the trees, you know?
I like the way the trees are in the mountains all different.
The way the trees are.

ディア・ハンター

ニックは自然を愛する純朴な男だった。休日ともなれば、マイケルをはじめとする仲間と連れ立って山で鹿狩りを楽しむごく普通の男だった。しかし、そんな彼の人生はベトナム戦争に出征し、ベトナム兵たちにロシアンルーレットを強要させられたことで一変する。命からがら逃げ出したものの、茫然自失となったニックはサイゴンの街へ消えてしまう。マイケルはニックを助けに向かうが、彼がいたのはロシアンルーレットの賭博場だった。しかも、自らプレイヤーとしてピストルを頭に突きつけているではないか。止めさせようとするが、もはやニックはマイケルが誰だかわからない。木が好きだったよな？そう問いかけると何かを思い出したような顔になるニックだったが、既にピストルの引き金はひかれた後だった。

<small>ベトナム戦争に翻弄された青年たちの悲しき末路。『サンダーボルト』『天国の門』などで知られる伝説的な映画監督マイケル・チミノの最高傑作。</small>

COLUMN 3

ソフトスルーについて

　ソフトスルー映画なる名称を聞いたことがあるだろうか。製作された国では劇場公開されたにもかかわらず、日本の劇場公開はスルーされたまま、古くはVHS、今ではDVDやBDとして発売・レンタルされてしまった作品のことである。日本の配給会社が「日本では売れない、受けない」と判断したというのがその理由だろう。といって、その作品が本国でも売れなかったかと言えば、必ずしもそうではない。全米では大ヒットしたにもかかわらず、日本ではソフトスルーというケースはいくらでもある。近年で言えば、『21ジャンプストリート』（傑作！）やその続編である『22ジャンプストリート』などが最たる例だろう。

　現在、このソフトスルー文化は新たな局面に突入している。YouTubeやNetflix、amazonのプライムビデオなどのオンライン上で映画が観られるサイトの中に、劇場公開はおろか、ソフトにすらなっていない作品がラインナップされているのだ。いわゆるオンラインスルーというやつである。しかも、中にはジョー・スワンバーグ監督の『ハッピー・クリスマス』やアーロン・カッツ監督の『ミッチとコリン　友情のランド・ホー！』など、現代アメリカ映画を語る上ではずせない作品が数多く紛れ込んでいるではないか。問題は、ソフトスルーならしかるべき店の新作棚を確認すれば、どんな作品が新たにリリースされたのか自然と知ることができたが、オンラインスルー作品については自分で検索しなければいけないので「自然と知る」ことが不可能だということだ。配信会社の各位には早急に対策を練っていただきたい。

家族に会いたくなる映画

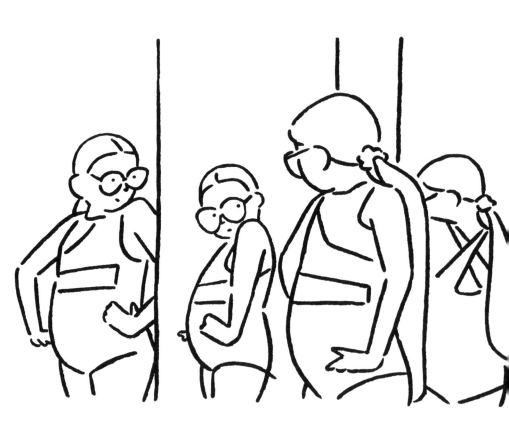

本当の負け犬とは、勝てないことを
恐れて挑戦もしない奴のことだ。

A real loser is someone who's so afraid of not winning that they don't even try.

リトル・ミス・サンシャイン

ヘロインを吸引したことにより老人ホームを追い出された祖父、勝ち組を目指しているがどうにもうだつの上がらない父、恋人にフラれて自殺未遂を起こしたゲイの叔父、宇宙飛行士になる夢が実現するまでは沈黙を守ることにした長男、ふくよかな自らの体型にコンプレックスを抱く長女、そして、そんな彼ら彼女らの間で上手く立ち回ろうとする母。それぞれに問題を抱えるこの一家がおんぼろのワーゲンバスに乗り込むのは、長女がなぜか地区予選に選ばれた美少女コンテストの会場に向かったためだ。この発言は、コンテストを前にして弱気になる長女に対する祖父のものである。"絶対に負けられない戦い"なんてものはこの世にはない。結果は結果でしかない。重要なのは、勝てないとわかっている勝負であろうとも挑もうとする、その勇気なのだ。

それぞれに問題を抱えているワケありな家族が、末娘が出場する美少女コンテストに向かうため、おんぼろのワーゲンバスに乗って旅に出る姿をコミカルに描く。

女であるってだけで
親に向いているだなんて
どの法律が言っているんだ？

I'd like to know what law says a woman is a better parent simply by virtue of her sex?

クレイマー、クレイマー

夫は家の外で金を稼ぎ、妻は家の中で家事や育児をせよ。そんな価値観はもう古い。実際、結婚した女が働くことは一般的になりつつある。しかし、その逆はどうか。家の中で家事や育児に専念する夫はおろか、仕事と家事や育児を両立させている夫などほとんどいないのが現状だ。つまり、妻への負担が増えただけなのだ。男のほうが現状の社会システム的に稼げるようになっているとか、男のほうが労働をする上での体力があるとかいう言い訳で、夫の側が古臭い価値観に甘んじているならばまだわかる。しかし、多くの妻も母性なる神話でもってこれに甘んじているらしいではないか。仕事にかまけて家庭を顧みなかったために妻に出ていかれ、1人で子どもを育てることになった男が、親権を争う裁判において問うた以上のせりふが議論したいのは、おそらくそんな現状だ。

妻に出ていかれた男が、残された息子と一緒に暮らすべく奮闘するドラマ。妻を演じたメリル・ストリープの演技は、今とは比べ物にならないくらい繊細で優雅である。

世間に冷たい目で見られるだろうな。
だけど、彼らが冷たくない日なんてあったか？

Still frowned upon. But then, what isn't these days, right?

ザ・ロイヤル・テネンバウムズ

リッチーは幼い頃からずっとマーゴに想いを寄せてきた。しかし、厄介なことに彼女は彼の姉だったのだ。といっても、マーゴは養子なので2人の血がつながっているわけではないのだが。それでも、リッチーは想いをひた隠しにし、マーゴが結婚する際には、将来を期待されていたテニスの道からあっさり足を洗い放浪の旅に出たりした。問題が起こったのは数年ぶりに再会したときのことだ。マーゴの荒んだ恋愛遍歴を聞いたリッチーは、ショックを受けて自殺未遂を起こしてしまう。一命を取り留めた彼はようやくマーゴに愛を告白し、両想いだったことを知らされるが、このことは2人だけの秘密にすることにして別れる。そんな中、助言を求めた父にリッチーが言われたのがこの一言。どんなときであっても無責任な世間の目など気にするだけ損というわけだ。

かつては"天才ファミリー"として脚光を浴びながら、今では崩壊寸前のテネンバウム一家。大黒柱であるロイヤルは彼ら彼女らをつなぎ留めることができるのか？

わかったよ、親友。

Yeah, main man.

レインマン

高級車のディーラーをしているチャーリーのもとに、疎遠だった父が亡くなったという知らせが届く。彼は遺産目当てで葬儀に顔を出すが、弁護士によれば、財産のほとんどは今まで存在すら知らなかった兄のレイモンドに分与されるという。しかも、その兄はサヴァン症候群であり施設で暮らしているという。遺産を手にするため、レイモンドを施設から自分の家に連れて行こうとするチャーリーだったが、その旅の過程でだんだんと兄弟愛に目覚め、もはや金など関係なく兄と暮らそうとすら考え始める。しかし、弁護士との話し合いの末にレイモンドは施設に戻すことに。別れ際、レイモンドがチャーリーに呟くのがこの言葉だ。彼がどんなつもりで言ったのかはさだかでない。しかし、チャーリーにとってこれほどうれしい言葉はなかったはずだ。

金に目がない男が、これまでその存在すら知らなかったサヴァン症候群の兄と知り合い、旅をする中で、兄弟愛を深めていくようすを綴るヒューマン・ドラマ。

言葉を使わなければ、私たちはもっと
自由に自分自身を表現できるんじゃないかしら。
やってみない？

Maybe we could express ourselves more freely if we say it without words. Should we try that?

ダージリン急行

父の死をきっかけに長らく絶縁状態にあったホイットマン3兄弟は、インド北西部を走るダージリン急行に乗って仲直りの旅に出た。目的地はヒマラヤの奥地に佇む寺院。そこでは失踪中の彼らの母が尼僧をしているというのだ。すったもんだの挙げ句ようやく辿り着いた3人は、母にさまざまな問いをぶつける。なぜ、僕たちを捨てたのか？ なぜ、こんな僻地にいるのか？ これらの饒舌を制止して、母は提案する。言葉では説明できないことがある。言葉では理解できないことがある。無理に言葉にしようとすれば、その限界に躓いて会話というものの不自由さを痛感するだけだ。でも、口を噤み、目を瞑り、互いに手を繋ぐとわかることもあるのではないか。やってみない？ と。実際、この技術を習得すると、ギクシャクしていた兄弟の仲が不思議と修繕されるのであった。

フランシス、ピーター、ジャックの3兄弟は会えばケンカばかりする犬猿の仲。3人は仲直りの旅として、インドの山奥の寺院で暮らす母に会いに行くが……。

人生は映画とは違うんだ。
人生はもっと厳しいものだ。

La vita non è come l'hai vista al cinematografo, la vita è più difficile.

ニュー・シネマ・パラダイス

少年トトは大の映画狂だった。母親から買い物を頼まれてもその金で映画を見てしまうほどだ。そんな風だったので、通い詰めていた"パラダイス座"の映写技師アルフレードと友達になるのは、時間の問題だったと言える。そして、実際に友情を育んだアルフレードは、父親のいないトトに対して人生において大切なことをさまざまに教えるのだった。中でも一番重要なのが、この言葉だろう。まだ可燃性だった頃のフィルム火災が原因で失明してしまったアルフレードに代わり、今では新築された"パラダイス座"で映写技師をしているトト。彼に映画を撮る才能があることを見抜いたアルフレードが言うのである。映写室に籠って映画の世界で満足してちゃいけない、広い世界を見るのだ、と。かくして、ローマに渡ったトトは、映画監督として成功を収めるのだった。

映画好きの少年のトトと、彼が通う映画館の映写技師アルフレードの友情物語。本作では、今やほとんどの人が知らないであろう可燃性フィルムというものの存在を確認できる。

「まだ僕を愛してる？」
「私たちにはそれしかないでしょ」

Toi et moi, on s'aime encore, hein?
Nous deux, c'est ce qu'on fait de mieux.

Mommy／マミー

掃除婦のダイアンはシングルマザーとして息子のスティーヴを育てている。暮らし向きは楽じゃない。しかし、それ以上に悩みの種なのがスティーヴの多動性障害だった。症状が安定しているときはチャーミングなのだが、いったん暴れ出すと、怒鳴り散らすわ、器物は破壊するわでもう手に負えない。隣人のカイラが遊びにきてくれるようになってからは、スティーヴの症状もだいぶ落ち着いてきて、平穏無事な日々を送っていたのだが、そんな日々は長く続かない。自分にはスティーヴを幸せにできないと悟ったダイアンは、彼を矯正施設に預けてしまう。彼を愛していないわけではちっともないのだ。むしろ、溺愛しているといっていい。だからこそ、何もできない自分が情けないし、彼が不憫でならないのだ。そんな彼女の決断をどうして批判できるだろうか。

多動性障害の息子と、シングルマザーとして彼を育てる母の愛憎入り乱れる家族の物語。新進気鋭の映画監督グザヴィエ・ドランは、弱冠25歳で本作を撮り上げている。

そっくりな人間はお互いに反発し合う。
磁石の反対の極がくっつくように。
正反対の人間は互いに惹かれ合う。
僕たちだって似てないけど好きだろ？

Precis som att de lika sidorna på magneterna stöter ifrån varandra,
så kan människor som är för lika varandra också stöta ifrån varandra, precis som att de olika
sidorna på magneterna dras till varandra så kan människor som är olika varandra dras till
varandra, Ja men som du och jag , jag menar, vi är olika fast vi gillar varandra.

シンプル・シモン

シモンはアスペルガー症候群である。だから、他人の気持ちというものがまるで理解できない。そんな彼に歩み寄ってくれるのは、兄のサムだけだ。しかし、そのサムですら最近はふさぎ込んであまり相手をしてくれない。シモンのせいでガールフレンドにフラれてしまったからだ。自分の生活のペースが乱れてしまうことを危惧したシモンは、サムの恋人探しに奔走する。サムと同じような価値観を持つ女を選別するが、あろうことかどれも兄の好みではないという。そのわけが理解できないシモンに、サムが語るのがこの言葉。かくして、シモンはサムと正反対の性格の女を探すことになるのだが、これは恋愛に限らずとも、友達や仕事関係についても当てはまりそうだ。創造性というのは、正反対のもの同士がくっつき合うことで生まれるのだ。

アスペルガー症候群の青年シモンが兄の恋人候補を探すべく奔走するラブ・コメディ。恋のなんたるかがわからないシモンが、ヒュー・グラントの出演作品を見て学ぶくだりが面白い。

この世界中で誰一人として
彼を求めていないのです。
私たちを除いて。

No one in this entire world wants him... except us.

チョコレートドーナツ

ゲイのカップルが、育児放棄されたダウン症の少年を育てるという話である。社会から爪弾きにされた者たちが、"家族"としか呼びようのない関係を築くという話である。誰かに頼まれたわけではないし、どこかに届を出したわけでもない。その意味では、文字通り"法外な家族"と言える。だからなのか、誰に迷惑をかけているわけではないのにもかかわらず、あれこれ理由を拵えては彼らを邪魔する者たちが次々に現れる。結局、少年は家庭局に奪われ、裁判の末に給付金目当ての実の母親のもとに戻され、彼女の育児放棄が原因で命を落とす。これは少年が死んだことを知ったカップルの嘆きである。杓子定規な正義では解決しないこともあるし、"法外"でなければ救えない命もあるのだ。

ゲイのカップルが親に育児放棄されたダウン症の子どもを育てるという、実話をもとにしたフィクション。カップルの片割れが披露する歌は、涙なしに聴くことはできないくらい感動的。

いわゆる父親ってどんなもの？

What does a father look like?

パリ、テキサス

かつてのアメリカ映画は多かれ少なかれ「いかにして父を殺すか？」をテーマにしてきた。おそらくそれは、そもそもアメリカ合衆国に生きる者たちのテーマだったからだ。しかし、60年代後半くらいからは殺すべき「父」を見失ったとでもいうかのように、このテーマは国家的にも映画的にも影を潜めた。ドイツに生まれながらアメリカ映画をこよなく愛し、アメリカ映画のような作品を作り続けたヴェンダース監督が、初めて全編にわたってアメリカの地で撮り上げた本作の物語の主人公として、父であることを放棄した男を選んだのはそうした事情を加味してのことだろう。以上のように考えてみれば、主人公が再び父として生きるためにアメリカの雑誌を読みつつこう呟くとき、そこには彼なりのアメリカ（映画）に対する深い考察があるような気がしてくる。

『都会のアリス』や『アメリカの友人』で知られるヴィム・ヴェンダース監督が、盟友サム・シェパードの原作・脚本を映画化したロード・ムービーの金字塔。

私は外見の美しさに興味はないの。
長続きしないから。
……重要なのはその人が何をしたか。

I'm not into that whole external beauty thing, you know.
'Cause it doesn't last. ……It's what you do that really matters.

ギルバート・グレイプ

世の中には、赤の他人の外見の美醜をあーだこーだと論評したがる人がいる。相対的には、男より女のほうがそうした局面に立たされることが多いらしい。特に、歳をとるにつれてその風当たりは強さを増し、「昔はよかった」だの「劣化した」だのと貶され、何かしらの力を頼ってそれに抗えば「美魔女」だの「顔面崩壊」だのと嘲笑われる。本作に登場するベッキーが決別を宣言するのは、以上のような世の中の価値観に対してだ。お前が若くて美しいからそんなことが言えるのだと反論したがる人もいるだろう。実際、ベッキーは若くて美しい。しかし、彼女を演じたジュリエット・ルイスは「劣化した」と世間で評価された今でも、そんなことなど知らぬ存ぜぬといった調子で楽しそうに生きている。そんな彼女の生きざまを見ると、このせりふに嘘はなかったと思えてくる。

小さな町で問題だらけの家族と暮らすギルバートが、ある女との出会いを通して、人生を見つめ直すヒューマン・ドラマ。ギルバートを演じる若きジョニー・デップがかっこいい。

男には戦うべきときと、
受け入れるべきときがある。
戦い続けるのは愚か者だが、
私は愚か者だった。

There's a time when a man needs to fight,
and a time when he needs to accept that his destiny is lost, that the ship has sailed,
and that only a fool will continue. The truth is, I've always been a fool.

ビッグ・フィッシュ

エドワードはたまたまサーカスの会場で目撃した見知らぬ女に瞳を奪われる。一目惚れというやつだ。彼女こそ"運命の人"だと直感したエドワードが、サーカスの団長に件の女のことを尋ねると、悪どい団長は「彼女についての情報を月に1つ教える代わりに無償で働け」という途轍もなくブラックな条件をつきつけてくるではないか。しかし、猪突猛進型のエドワードはこの条件をポジティブに飲み込み、数年掛かりで件の女の住所を手に入れる。一目散に彼女の家に赴き、満を持してプロポーズしたエドワードだったが、何と彼女には既にフィアンセがいるという。これにめげるはずもない彼が心の中で呟いたのがこの言葉だ。人には物わかりの悪い愚か者に進んでならなければならないときがある。エドワードにとってはこの瞬間がまさにそのときだったのだろう。

稀代の嘘つきであるエドワードとその家族の物語。彼が後の妻となるサンドラに一目惚れするシーンのスローモーションと早送りの使い方については、多くの監督たちが嫉妬したはず。

家族を大切にしないヤツは
本当の男にはなれない。

A man who doesn't spend time with his family can never be a real man.

ゴッドファーザー

イタリア系マフィアの首領であるコルレオーネは、何よりも家族を大事にする男である。家族といっても血縁関係にある親族のことだけではなく、彼を"ドン"あるいは"ゴッドファーザー"と呼ぶ者ならば誰でも家族と見なすような懐の深い男である。そんな家族思いのコルレオーネだけあって、自らの家族を悲しませる奴には容赦がない。例えば、自分が目をかけてきた歌手が出演したい映画があると聞けば、その出演に反対するプロデューサーを脅迫してでも首を縦に振らせたりする。なぜそこまでするのかと問われれば、家族を大切にしなければ本当の男ではないからだと答えるだろう。さすがに家族への愛がいき過ぎているのではないかと突っ込みたくもなるが、コルレオーネとはそういう男なのである。

監督フランシス・フォード・コッポラの名を世に知らしめた重厚な雰囲気漂うマフィア映画シリーズの第1弾。主演のマーロン・ブランドの存在感は見もの。

COLUMN
4

ヒドい邦題について

　言うまでもなく、映画作品には一つの題名がある。日本で公開される外国映画に限って言えば、原題と邦題という二つの題名がある。外国語の題名をそのまま使っても日本語話者には通じにくいから、日本語（英語をそのままカタカナにしたのも含めて）の題名を付けるというわけだ。中には、原題とかけ離れたものも多いが、それ自体が悪いことではない。実際、『俺たちに明日はない"Bonnie and Clyde"』や『明日に向って撃て！"Butch Cassidy and the Sundance Kid"』など、原題よりもイカした邦題がかつてはいくらでもあった。

　しかし、VHSが普及した80年代くらいからだろうか、ソフトスルー作品（コラム3を参照）が増えるにつれ、B級ホラーを中心にヒドい邦題が増え始める。これらは"中身がヒドいので邦題もヒドくして興味を惹く"という戦略がはっきりしているからまだいいが、普通の映画までそれをされてはたまったもんじゃない。

　よく知られている例が、この本でも紹介した『ナポレオン・ダイナマイト』だ。本作が最初にソフト化されたときは『バス男』という邦題だった。当時流行っていた『電車男』をもじったものだが、どう考えてもスベっている。後に原題をそのままカタカナにしただけの今のタイトルに改題されたからいいものの、他にも『26世紀青年"Idiocracy"』や『小悪魔はなぜモテる?!"Easy A"』など、ヒドい邦題を付けられてしまったため、日本では無視された良作は枚挙に暇がない。DVDなどを借りたり買ったりする際は、邦題ではなく内容を確認してから観るか否かを判断することをお勧めする。

愛について考えさせられる映画

世界に必要なのは、
青春時代の希望を取り戻すことです。

What the world needs is a return to sweetness and decency in the souls of its young men.

ローマの休日

親善旅行でローマを訪れた某国王女のアンは、過密なスケジュールの中、一国の主としての自分と遊びたい盛りの少女としての自分との間で引き裂かれ、夜中にベッドの上で泣き叫ぶ。「もう1人で安らかに死なせて!」。ひとまず鎮静剤で落ち着かせられたものの、内なる衝動を抑えきれず夜の街へ飛び出した彼女だったが、薬が効いてきたのか眠気に襲われベンチにへたりこむ。通りがかった記者のジョーが見かねて声をかけると、夢うつつのまま口にするのがこの言葉だ。翌日のスピーチで語るべきことらしいのだが、まるで彼女の気持ちを代弁しているようにも聞こえる。その後、ジョーとローマ観光を「少女として」楽しんだアンは「一国の主としての自分」に目覚め、宿舎に帰る。たった1日で少女時代を終えねばならないのだから、王女も楽じゃないな。

オードリー・ヘプバーンの人気を確固たるものにしたロマンチック・コメディ。脚本はダルトン・トランボが赤狩りにあってハリウッドを追放されていたときに変名で書いたものである。

「50年ってどのくらい？」

「150学期。休日を含まないけど」

「そんなに長く私を愛せる？」

「もちろん。だってもう1週間も愛してるんだよ？」

How long's fifty years?
A hundred and fifty school terms, not including holidays.
Will you love me that long?
Of course. I've loved you a whole week already, haven't I?

小さな恋のメロディ

子どもの頃は時間が経つのが遅かった。学校でのほんの数時間の授業が永遠のように感じられた。だから、1週間も愛せば50年愛するどころか永遠に愛することなんてわけもない。厳格なパブリックスクールに通うダニエルが恋人のメロディと結婚を誓ったとき、何の迷いもなくそう呟いたのはきっと以上のような論理からだろう。しかし、周囲の大人たちはこの誓いを嘲笑し、阻止しようとする。小さな恋人たちは「どうして結婚できないのか？」と反論するが、大人たちは説明しない。いや、できないのだ。できたとして、たかだか法律がどうだとか倫理がどうだとか屁理屈を捏ねるのが関の山だ。もちろん、恋人たちがそんな常識的な答えに納得するはずもない。だから、聡明な2人は大人のもとからトロッコに乗って逃げ出す。自分らが発した問いの答えを探すために。

名門パブリックスクールで知り合った男子と女子の恋模様を瑞々しく描いた青春純愛映画の金字塔。ちなみに、女子の声の吹き替えには、杉田かおるが手がけたバージョンが存在する。

人間関係っていうのはサメと同じで、
常に前進してないと死んでしまうのさ。

A relationship, I think, is like a shark, you know? It has to constantly move forward or it dies.

アニー・ホール

ニューヨークに暮らすアルビーは、皮肉屋なスタンダップ・コメディアンだ。そんな彼の前に天真爛漫なアニーが現れる。すぐに意気投合した2人はデートを重ね、同棲生活を始める。しかし、うまくいっていたのは最初だけで、次第に互いのアラが見逃せなくなり、関係の雲行きは怪しくなる。この言葉は2人の別れが決定的になったとき、アルビーが吐いて捨てたせりふだ。どんな恋人たちにもそそり立つ壁のように倦怠期は訪れる。大事なのは、それをどう乗り越えようとするか。肩車をし合ってよじ登るでも、はしごをかけて踏み越えるでも、ハンマーで破壊するでもいい。互いの似顔絵でも落書きして時間を潰すのだっていいかもしれない。努力もしないで知ったようなことばかり言っていれば、関係が崩壊するのは当たり前。こんな物言いは、反面教師にすべきだろう。

コメディアンの男と歌手志望の女の出会いから別れまでを映したシニカルなラブ・コメディ。ウディ・アレンの監督作としては、ベスト1に選出されることも少なくない作品である。

「ハート形は誰が考えたんだ？」
「知らないねえ。ロマンチックな誰かさんだろうよ」

Who thought of the heart?
I don't know... Somebody... romantic?

バッファロー '66

ビリーはどうでもいいことばかり気にする男だ。しかし、それが公衆便所での他人の目線であるとか、ホテルのシーツの汚れ具合とかであるところを見ると、彼が気にしているのは自分にまつわることでしかない。本作が描くのは、そんなビリーと流れで旅をすることになった女の道行きである。この旅の間ずっと、ビリーは女に優しくない。女はビリーに対して母性的に振る舞っているのにもかかわらずだ。しかし、あることをきっかけにして、ビリーの中で変化が起こり、女への恋心も自覚するに至る。この変化が凄まじい。コーヒーを買いに入った店でハート形のクッキーを見つけるや否や、彼女のために買って帰ろうと考えるのだから。そして、このせりふ。やはりどうでもいいことを気にしてはいるが、それは彼女にまつわることなのだ。恋は人をここまで成長させる。

<small>5年の刑期を終えて出所したビリーはたまたま町で見かけた女を拉致し、妻を演じるよう強要して両親に会いに行くのだが……。不器用な男女によるハートウォーミングなラブストーリー。</small>

なぜ平和だと、誰も高揚することがなく、
物語が生まれにくいというのか。

Noch niemanden ist es gelungen, ein Epos des Friedens anzustimmen.
Was ist denn Frieden, dass er nicht auf die Dauer begeistert und dass sich von ihm kaum erzählen lässt.

ベルリン・天使の詩

「アウシュヴィッツの後で、詩を作ることは野蛮である」。かつてそう説いたドイツの哲学者がいた。ナチスのユダヤ人大量虐殺という出来事が起きてしまった後では、どんなに美しい詩を作ろうとも欺瞞に過ぎない。そう喝破したのである。しかし、本作において、図書館でナチス関連の写真集を読みながら、心のうちでこう語る老人ホメロスの考えは違うようだ。誰がどう告発しようとも、戦争は人々を饒舌にする。実際、誰かの告発などお構いなしに、人々は戦争文学を生産してきた。問題はその後だ。自らの平和を自覚し始めた人々は沈黙し始めたではないか。しかし、そんな日々にこそ必要な物語があるのだ。しかも、その物語は戦争とは無関係なものでなければならない。そうホメロスは言いたいのだ。そして、本作はそんな物語であると監督は言いたいのだろう。

人間の女に恋した天使が、永遠の命を捨てて人間として生きることを選び、かの女にアプローチするラブストーリー。刑事コロンボとして知られるピーター・フォークが本人役として出演している。

人生なんてそんなもんさ。
だけど逆転することもある。

That's the way it goes. But don't forget. It goes the other way too.

トゥルー・ロマンス

「人生は山あり谷あり」なんて言葉があるが、果たして本当か。実際のところ、山も谷もない平坦な人生を送っている人が大多数なのではないか。クラレンスとアラバマもまた、それぞれに平坦な人生を送ってきた。しかし、2人が出会い、たちまち恋に落ち、コールガールをしているアラバマの雇い主をクラレンスが殺してしまったことから事態は一変する。平坦な大陸プレート同士が衝突し、地面が劇的に隆起したかのように（雇い主を殺した旨をクラレンスから告げられたアラバマの反応もいい。いわく「殺したなんて……なんてロマンチックなの!」）。映画の冒頭で呟かれるこのせりふが指しているのは、おそらくそんな事態だ。たとえ「そんなもん」でしかない人生であろうとも、ひょんな出会いから「ロマンチック」になりうる。だから人生、捨てたもんじゃないと。

ぶっとんだ男女が出会い、たちまち恋に落ち、犯罪に手を染め、追っ手から逃走するクライム・ドラマ。
脚本はクエンティン・タランティーノ。さすがに会話の言葉使いがナイス。

「人生っていつもこんなにつらいの？
それとも子どものときだけ？」
「いつもこんなもんさ」

Is life always this hard, or is it just when you're a kid?
Always like this.

レオン

「男はつらいよ」と誰かが呟けば、「女もつらいよ」と誰かは応える。「子どもはつらいよ」と誰かが嘯けば、「大人もつらいよ」と誰かが諭すだろう。つまり、人間というやつは老若男女問わずつらいのだ。父親に理不尽な暴力を振るわれ、慰めの言葉を求めて問いかけるまだローティーンの少女マチルダに対し、隣人である殺し屋レオンが教えるのは、世界のそんな真理である。相手は子どもなんだから、もう少し未来に希望が持てるようなことを言ってやってもいいじゃないかとも思う。しかし、レオンは彼女を子ども扱いしない。そんな態度こそが大人だという意見もあるだろうが、レオンの場合は性質がちょっと違うらしい。なんせ、ギャングに家族を惨殺されたマチルダと、なしくずし的に一緒に復讐を決行することになったレオンは、最終的に彼女に恋してしまうのだから……。

孤独な殺し屋と、家族を皆殺しにされた少女マチルダが手を組み、実行犯であるギャング団の殲滅を企てる。マチルダを演じたナタリー・ポートマンがなにしろカワイイ。しかし、まだ13である。

お前のせいで俺はこんな有り様だ。
自分を見失い、居場所も失っちまった。

It's because of you, Jack, that I'm like this. I'm nothin'. I'm nowhere.

ブロークバック・マウンテン

恋というのは厄介なものだ。楽しいこともあるけど、それと同じくらいに、あるいはそれ以上に悲しいことがあるからだ。イニスがいい例だ。彼は故郷にフィアンセを残し、季節労働者として人里離れた山奥に働きに出た先で、同僚としてジャックに出会う。そして、誰もいない大平原で2人きりの時間を長く過ごしたのだから不思議なことではないが、ジャックに誘われるままイニスは彼と体を重ねてしまう。かくして、2人の恋が始まり、季節労働が終了してからもことあるごとに落ち合っては、お互いに妻子がいるにもかかわらず遠距離恋愛を続けていた。しかし、ふとした口論がきっかけで2人は別れを決意する。去り際に泣きながらイニスが呟くのがこの言葉だ。愛が消滅したわけではないのに、別れなければならないこともある。恋というのは厄介なものだ。

まだ同性愛者の権利が蹂躙されていた1960年代から80年代を舞台にした、男性同士のカップルによる恋物語。監督によれば、本作は「普遍的なラブストーリー」だそう。

ほんの数回だけ他者と
真の関係を築けたことがある。
それだけが僕の人生に意味を与えてくれた。

The only thing that has made the whole thing worthwhile has been those few times that I was able to truly connect with another person.

シングルマン

自分の人生などまったく無意味に思えてしまうときがある。長年連れ添った最愛の人が死んでしまったときなどは特にそうだ。もはや自殺してしまったほうが楽なのではないか。そんなアイデアすら頭をもたげてくる。LAの大学で英文学を教えているゲイの主人公ジョージは、まさに以上のような岐路に立たされていた。しかし、そう思って死を決意してみると、世界がまったく違う輝きを帯びてくるではないか。歳の離れた学生の1人が話しかけてくれたとき、ジョージは痛感する。そして、語り合う。自分の人生のことを。すると、自分にとっては死ぬ理由にしかなりそうになかった最愛の人とのかけがえのない日々が、今の自分の人生に意味を与えてくれているということに思い至る。そして、同時に気づくのだ。件の学生と話している時間も、同じくらい価値があると。

グッチやイヴ・サンローランのデザイナーとして一時代を築いたトム・フォードの初監督作。ゲイである大学教授が、交通事故で亡くなった恋人を思って自殺しようと考えるが……。

誰かの"所有物"になるなんて最悪。
私は自分自身でいたいの。

*I don't actually feel comfortable being anyone's anything, you know.
I like being on my own.*

(500)日のサマー

サマーは憤っている。何に憤っているのか？ 例えば、映画とは関係ないこんな場面を思い浮かべてみてほしい。「娘さんを僕にください」。婚約者である女の父に結婚の申し入れをする際、そんな言葉を呟く男が日本には多くいるという。おかしいではないか。婚約者である女は彼女の父のものではないし、結婚したからといってその相手である男のものになるわけでもない。男と同様に自由意思を持った主体的存在なのだから当然だ。しかし多くの男は、交際や結婚を女の所有権をめぐる何かしらであると考えているらしい。サマーが憤っているのは、そんな男たちの思考回路だ。本作は、内気なトムが天真爛漫なサマーに弄ばれた末に捨てられる物語と捉える向きが少なくないようだが、間違っている。トムがフラれたのは、サマーの憤りを理解できなかったからだ。

<small>常識に囚われないサマーと、彼女に恋するトムの500日にわたって続く一風変わった恋物語。イケアでのおままごとデートのシーンがいい。真似したカップルも多いのではないだろうか。</small>

支度をしろ。未来へ行くぜ。

Pack your bags, baby, we're going to the future.

ブルーバレンタイン

文脈を知らずに文字だけ読めば、ポジティブな発言として響いてくるかもしれない。しかし、残念ながらそうではない。なんせここで言われている「未来」とは、ラブホテルの部屋の名前なのだから。情熱的に愛し合った末に結婚し、一緒に娘を育ててもいるが、今ではすっかり険悪なディーンとシンディー。その原因は価値観の相違である。現状に満足しているディーンと、もっと上を目指したいシンディー……。それでも何とか関係を修復しようと目論んだディーンがシンディーを誘うのが「未来」ルームであり、「そんなのガキの行くところでしょ」と嫌がるシンディーにディーンがかけるのがこの言葉。結局、この部屋での言い争いに端を発して2人は別れることになるのだが、まさかディーンもここまで陰惨な「未来へ行く」ことになるとは思っていなかっただろう。

1組のカップルの出会いと別れをドキュメンタリー的な手法で撮った悲しきラブストーリー。大部分のシーンにおいて、2人はアドリブで芝居をしたというから凄まじい。

盗んだのは秘密を持ちたかったから。
なぜかわからないけどとても気分がよくなるの。

I think I just took them to have a secret to keep. Anyway,
for some reason, it makes me feel in a better mood sometimes.

ムーンライズ・キングダム

幼少の頃は誰でも、よくわからないことに尽力しては妙な達成感に浸るものだ。しかし、その行為は往々にして他人には理解できない。頭の固い大人には特に。スージーにとっては図書館から本を盗み出すことがそれにあたるようだ。ある日、彼女は自らが住む小さな島でサムという少年と出会う。互いに周囲と馴染めない2人は、駆け落ちを決意するのだが、ボーイスカウトのキャンプから数々のアウトドアグッズとともに脱走してきたサムとは異なり、スージーの持ち物はサバイバルには役に立たなそうなものばかり。しかし、彼女にとってそれらは重要なものであり、特に図書館から盗んだ6冊の本は自らの「気分をよく」するものらしい。理由はきっと彼女にもわからない。しかし、そんな秘密を恋人と分かち合いたいと思う気持ちは誰でも理解できるはずだ。

ウェス・アンダーソンが『小さな恋のメロディ』に着想を得て作った少年と少女の恋物語。少年のほうの衣装がどんなタイミングでチェンジするかに着目すると、監督の衣装へのこだわりがわかるはず。

恋に落ちたら誰だって変人。
クレイジーなものなの。
社会的に許容された狂気の形象の一種ね。

I think anybody that falls in love is a freak. It's a crazy thing to do.
It's kind of a form of socially acceptable insanity.

her／世界でひとつの彼女

舞台は近未来のロサンゼルス。妻と別居中のセオドアは、新しく発売された人工知能型OS「サマンサ」を手に入れる。チャーミングな「サマンサ」との声によるコミュニケーションは、妻との一件で深く傷ついたセオドアの心に安らぎを与え、2人の関係はOSとそれを利用する人間以上のものに発展する。端的に言えば、2人は恋に落ちる。しかし、同時にセオドアは懊悩もする。コンピュータ相手に恋をするなんて間違っているのではないか。現実世界と向き合うことから逃げているだけではないのか。これは悩めるセオドアに対して親友の女がかけた言葉。それにしても「社会的に許容された狂気の形象」とは言い得て妙だ。「恋は盲目」だとか「恋煩い」だとか恋を医学的な比喩で表現することは多々あるけれど、それ以上にしっくりくるものがある。

未来のロサンゼルスが舞台。かの地において、最新の人工知能のOSとそれに恋をしてしまった主人公の行く末を描く。音楽を手がけたのは、監督の友人であるアーケイド・ファイア。

彼は私に同情していない。

il a pas spécialement de compassion pour moi.

最強のふたり

全身麻痺の大富豪フィリップは、ある日、スラム街出身で陽気な黒人青年ドリスを面接の末に介護者として雇い入れる。失業手当を得るための不採用証明書が目当てで、前科すらあるドリスがなぜ選ばれたのか。周囲はまったく理解できない。見かねたフィリップの友人がお節介にも彼に問う。「なぜアイツなんだ？」。対するフィリップの答えがこれだ。そうであれば、「彼の出自や過去がどんなものであろうと今の自分にはどうでもいいのだ」と。フィリップは周囲の人に否応なく気を遣われること、遣わせてしまうことに嫌気が差していたのだろう。確かにドリスの介護ぶりは医療従事者によるプロのそれとはまるで違う。しかし、友人に接するかのような気兼ねなさがあったことを見逃すべきではない。フィリップにとっては、それが何にも増して心地よかったのだろう。

全身不随のブルジョアと、その介護士として雇われた移民のプロレタリアの共同生活を描く実話をもとにしたフィクション。2016年現在、日本で公開されたフランス語映画の中で歴代1位のヒット作。

私は立候補者ではありません。
私はムーブメントの一部です。
このムーブメントこそが立候補者なのです。

I am not a candidate. I am part of a movement. The movement is candidate.

ミルク

ハーヴェイ・ミルクとは、同性愛者や有色人種への風当たりが今よりもずっと強かった1970年代のアメリカ合衆国において、史上初めてゲイであることを公言した上でサンフランシスコ市会議員選挙に当選した実在の人物だ。もちろん、その成功はミルクがたった一人で勝ち取ったものではない。彼と問題意識を共有する数万人の民衆の力なしには、とても不可能だっただろう。ミルクはそれらの民衆を統括したわけでも牽引したのでもない。傍からはそう見えたとしても、彼自身にそういう意識はない。ただ民衆の1人として彼ら彼女らとともにムーブメントを作り上げ、その中での自分の役割を果たしただけなのだ。さる有権者に言い放ったこの言葉を聞けば、そうしたミルクの自覚がわかるだろう。あらゆる国の政治家が肝に銘じるべき金言である。

_{アメリカ合衆国史上初めてゲイであることを公表してサンフランシスコ市会議員選挙に当選したハーヴェイ・ミルクの生きざまを描く。監督はゲイであることを公言しているガス・ヴァン・サント。}

私はどこにでもいる平凡な男だ。
平凡な人生を歩み、名を残すことなくじきに忘れられる。
でも１つだけ、誰にも負けなかったことがある。
命懸けである人を愛した。私にはそれで十分だ。

I am no one special, just a common man with common thoughts.
I've led a common life. There are no monuments dedicated to me.
And my name will soon be forgotten.
But in one respect, I've succeeded as gloriously as anyone who ever lived.
I've loved another with all my heart and soul and for me that has always been enough.

きみに読む物語

かつてノアとアリーは情熱的に愛し合った。身分違いの恋だったし、周囲の反対も凄かった。恋敵が登場したり、すれ違いもあったけど、それでも２人は狂おしいまでに愛し合っていた。これは誰にも覆せない事実である。しかし、２人ともすっかり老け込んでしまった今、この愛は一方通行になってしまった。どうしてか。ノアは彼女を変わらず愛してはいるが、アリーが認知症になってしまったからだ。しかし、ノアは諦めない。初めて会ったかのように接してくるアリーに対して、自分たちの愛の物語を読み聞かせるのだ。「何だか聞き覚えがある」と反応してくれたりもする日もあれば、まったく興味を示してくれない日もある。それでも、ノアは思い出すまで読み聞かせを続けることを止めない。これほどまでに人を愛せるノアってやつは、凄いとしかいいようがない。

認知症になり施設に入院する妻のために、夫が２人の愛の物語を読み聞かせるラブストーリー。ちなみに、老年期の妻を演じたジーナ・ローランズと監督のニック・カサヴェテスは親子である。

今から大事な用事があるんだ。

There's something very important that I have to do right now.

アバウト・タイム 愛おしい時間について

過去にタイムトラベルする能力を持つティムは、人生のあらゆる局面でミスを犯しては、時間を遡ってやり直すという日々を送っていた。しかしたった一度だけ、人生の試練をリプレイなしで乗り切る瞬間がある。それは、成就しなかった初恋の女と大人になって再会したときのことだ。今も変わらず美しい彼女が、彼を部屋に誘ってくるではないか。とはいえ、彼は最愛のガールフレンドと同棲中の身。チャラい奴だったら、ちゃっかり一夜をともにしてしまうだろう。どうせ過去に戻って、なかったことにできるのだから。しかし、ティムはそうしない。このひと言を呟いて彼女の前から走り去り、そのまま家で寝ていたガールフレンドを起こしてプロポーズをするのだ（このプロポーズは何度もやり直す）。本当に「大事な用事」を見極められるかで男の真価は問われるのだ。

<small>タイムスリップできる家系のもとに生まれた青年が、仕事や恋において色々な失敗をリプレイしながら成長していく姿を綴る。監督は『ラブ・アクチュアリー』のリチャード・カーティス。</small>

「確かに僕は君を愛した。
そして、お互いに憎み合い、
支配し合おうとし、苦しめ合った」
「それが結婚よ」

*Yes, I loved you. And then all we did was resent each other,
and try to control each other. And cause each other pain.
That's marriage.*

ゴーン・ガール

エイミーは理想だけ追い求めて生きてきた。実際、理想的な男と出会い、理想的に求婚され、理想的な夫婦生活を送ってきた。むろん、そこには嘘がある。互いに互いの理想を演じる必要がある。始めこそそんな暮らしを楽しんでいた夫だったが、次第に息苦しさを覚え、別の若い女に走る。憤ったエイミーは、夫に殺されたかのように偽装して失踪するのだが、話はこれで終わらない。夫は潔白を証明するため、再び理想的な夫を演じ、TV番組で訴える。「俺が悪かった」。これに感動したのは全米の視聴者だけでない。エイミーまでがTV越しの彼に惚れ直し、帰還する。疑いが晴れて離婚を申し出る夫だったが、エイミーはこれを拒否。果たして、彼女が放ったのがこの言葉だ。嘘だろうが、演技だろうが、エイミーにとっては"理想的に見える"ことにこそ意味があったのだ。

エイミーとニックは周囲が羨む理想的なカップルだった。しかし、ニックの仕事が上手くいかなくなり、彼の地元に引きこもってからは雲行きが怪しくなる。原作はギリアン・フリンによる同名小説。

良いときも惡いときもあったけど、
僕らは同じときを過ごした。やり直したい。
新しいときを君と過ごしたいんだ。

We had good times and bad times.
But we had times. And I would like to start over. I would like to be new to you.

シングルス

リンダとスティーブは結婚を前提にして付き合っていた。リンダの妊娠が判明してからはいよいよその二文字が現実味を帯びてきた。しかし、そんな2人を不幸が襲う。リンダが交通事故で流産してしまうのだ。落胆した2人は距離を置き、しばらくはそれぞれの仕事に打ち込んだ。しかし、スティーブは気づくのだ。自分にはやはりリンダが必要であるということを。そして、夜中に酒の力も借りつつ電話ごしに叫んだのがこの言葉。赤の他人同士が一緒に生きようとすれば、良いときばかりではなく、当然のように悪いときもある。病めるときもあれば、健やかなるときもある。それらのときを経てもまだなお、同じときを一緒に生きたいと思える誰かと出会えたとき、人は結婚を考えるのだろう。

独身者だけが集うアパート「シングルス」を舞台に、そこに住まう男女の色恋沙汰を描く青春物語。監督を手がけたのは、『あの頃ペニー・レインと』のキャメロン・クロウ。

COLUMN
5

映画館について

　どうして映画を映画館で観る必要があるのか。TVでもPCでもスマホでも観られるのに、映画以外にも娯楽はいくらでもあるのに、どこに映画を映画館で観る理由があるのか。もし、そんな問いを発する人がいるなら、こう答えよう。楽しいからだ、と。大勢の見知らぬ他者と一緒に一つのスクリーンを見つめるという体験はどんなことより楽しいのだ。しかし、残念なことに日本の映画館はその楽しさにまだ充分に自覚的ではないように思える。アメリカの映画館に行けば一目瞭然だが、かの国の住人たちはうるさい。上映中に平気で雄叫びを挙げたり口笛を吹いたりする（日本でも週末夜の六本木の映画館辺りだと近い状況になっている）。それに比べると日本の映画館は静かすぎる。これでは家で観ても一緒だと考える人が出てきても不思議じゃない。しかし、日本にもうるさい映画館も登場しつつある。最高の音響設備でもって良質な爆音で映画を上映するという企画を全国展開する「爆音上映」は最たる例だろう。この企画において、ケミカルブラザーズの『Don't Think』が上映されたときなどまるでクラブみたいに観客が踊り狂っていた。その楽しさは実際に体験してみればわかるだろうが、日本人はおしとやかだからそれが一般化することはないと思う人も多いかもしれない。しかし、『天空の城ラピュタ』がTV放映されるたびにTwitter上で「バルス」と呟かずにはいられない人が多くいる国において、それが根付かないはずがないと思える。つまり、映画館で多くの観客たちと「バルス」と叫べばいいのだ。その光景を思い浮かべられるのなら、映画館で映画を観ることの楽しさが理解できると思う。

笑って悩みを飛ばせる映画

お前のミルクシェイクを
飲んでやる！

I drink your milkshake!

ゼア・ウィル・ビー・ブラッド

20世紀初頭のアメリカ西部。人気のない荒れ果てた大地に、夜を徹して鍬を突き立てる男がいた。男の名前はダニエル。彼は息子とともに一攫千金を夢見て油田を探していたのだ。そんなある日、ダニエルは見ず知らずの青年から、彼の住む街に石油が眠っているという情報を得る。すぐに住民を言いくるめ、油井を建てた彼は、見事に石油を掘り当てる。そして、莫大な財産を手に入れる。しかし、その成功とは裏腹に彼はみるみる孤立した。独善的な性格が災いしたためだ。そんな彼のもとに、街で教会を主宰している牧師が訪れる。いわく、経済的に困っている。ついては、自らの土地での石油採掘に出資するよう請われるのだ。これに対して、すでにその石油を搾り取っていたダニエルがお見舞いするのがこの言葉。いかにも資本家らしい言い草である。

原作はアプトン・シンクレアの『石油！』。鬼気迫る芝居でダニエルを見事に演じきったダニエル・デイ=ルイスは、第80回アカデミー賞で主演男優賞を受賞した。

私の獲物は惡い魔法使いが
高い塔の天辺にしまい込んだ宝物。
どうかこの泥棒めに
盗まれてやって下さい。

ルパン三世 カリオストロの城

カリオストロ公国の公女クラリスは城に囚われている。大公であった父に代わり、現在かの国を治めているカリオストロ伯爵と結婚しなければならないからだ。そんな彼女を黙って見過ごすはずのないルパン三世は、こう言って彼女を救い出すことを宣言する。一瞬だけ喜んだクラリスは、しかし、すぐにそんなことできるはずがないとうつむく。この反応を見たルパンは言葉を続ける。「ああ何てことだ。その女の子は、悪い魔法使いの力は信じるのに、泥棒の力は信じようとしなかった。少女が信じるなら泥棒は、空を飛ぶ事だって、湖の水を飲みほす事だってできるのに」と。一般的な泥棒の定義とはだいぶ異なっているように思えるが、とにもかくにも彼は有言実行してしまう。ルパン三世、ちょっとかっこよ過ぎやしないか。

ルパン三世が仲間と一緒に世界経済の裏側で暗躍するカリオストロ国で囚われの公女を救うべく奮闘する痛快アクションアニメ。宮崎駿の映画初監督作品。

"現在"って不満なものなんだ。
それが人生だから。

That's what the present is. That it's a little unsatisfying because life is unsatisfying.

ミッドナイト・イン・パリ

ギルにとって現在は悪い時代である。では、彼にとっていつが良い時代なのかと言えば、狂騒の時代と呼ばれた1920年代のパリである。だから、かの時代にタイムスリップできるようになってからは、毎日が楽しくてしかたなかった。しかし、1920年代において出会ったアドリアナに恋をしては考えを変えざるをえなくなる。なぜなら、アドリアナの現在である1920年代は彼女にとって悪い時代でしかなく、19世紀末のベルエポックの時代こそが良き時代であると考えていることがわかったからだ。そこで、ギルが悟ったように呟くのがこの言葉。それ以後、彼はタイムスリップしなくなる。過去は過去だから美しい。今だって過去になればきっと美しくなる。そう思えば、今をもっと愛せるようになるかもしれない。

パリに滞在中の映画脚本家ギルが、1920年代にタイムスリップし、スコット・フィッツジェラルドやアーネスト・ヘミングウェイらと交流を深める。

「お前にもチャンスは来る。
そのとき事態は一変するわ」
「いつ変わるの?」
「期待するのをやめたときかしら」

You'll get your chance. One day thing will change.
When will they change?
Probably when you least expect it.

夢のチョコレート工場

世界中から愛されるチョコレートメーカーが謎に包まれた自社工場の見学ツアーを開催するという。世界中に流通する同社のチョコレートの中の5つにだけ同封されたというチケットをゲットすることが参加条件だ。かくして、全国のファンたちは我先にとチョコレートを買い漁るのだが、チャーリーはその光景を見つめることしかできない。彼は極貧の家庭に暮らしているため、いくつもチョコを買うことができないのだ。しょんぼりするチャーリーに母親はこんな言葉をかけるが、彼にすれば現実を受け入れろと言われているに等しい。実際、現実を受け入れた彼は、道端で拾った小銭で自分ではなく体の悪い祖父のためにチョコを買う。すると、中にはチケットが入っているではないか。世の中ってのは、かくもツンデレだ。

世にも不思議なチョコレート工場の見学ツアーをファンタジックに描く。原作はロアルド・ダールの児童文学小説『チョコレート工場の秘密』。2005年には再映画化された。

比喩的な意味において、
我々はみなマスクをつけて生活しています。
社会に適応するため、
心の奥に潜む欲望を抑制しているんです。

We all wear masks, metaphorically speaking.
We suppress the id, our darkest desires, and adopt a more socially acceptable image.

マスク

冒頭近くでテレビの中の評論家が語るこのせりふが、本作のテーマである。これをどう料理するのかというと、まず、謎のマスクを登場させる。かぶると「心の奥に潜む欲望」を解き放ち、やりたい放題の超人になれるマスクである。うだつの上がらない銀行員のスタンリーはこれをかぶることで、日頃からむかついていた奴らに復讐できたり、意中の女とデートできたり、ギャングをやっつけたりできるようになる。最高である。誰もがこのマスクを欲しいと思うはずである。しかし、最終的には「思い通りにならないことも多いけどやっぱり素顔っしょ」という、世にはびこる「本当の自分」絶対主義的な流れでマスクを手放す。まったく賛同できない。映画の中でくらい、やりたい放題に生きることを肯定してくれてもいいではないか。

かぶると不死身の超人に変貌してしまうという謎のマスクをめぐる痛快コメディ。マスクに翻弄される主役のスタンリーを演じたジム・キャリーは本作で一躍スターに。

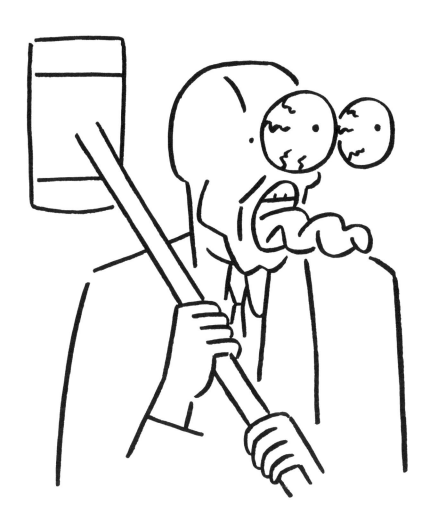

大人になるってのは、責任を果たして
かつ遊べるようになることさ。

Being an adult means facing responsibility, yet still taking the time to have fun.

ウェインズ・ワールド2

ロック青年のウェインは人生に行き詰まりを感じていた。いや、親友のガースとともにやっているケーブルTV番組『ウェインズ・ワールド』は絶好調だし、ガールフレンドのカサンドラは歌手として順調にステップアップしているし、楽しいっちゃ楽しい。でも、周囲は大人になれってうるさいし……。ある日、そんな彼の夢の中にジム・モリソンが現れる。そして、告げるのだ。ロックフェスを開くのだ、と。何かの啓示に違いないと悟ったウェインはガースとともに地元で「ウェインストック」を開催することを決意し、困難を乗り越えて大成功を収めるのだった。会場に現れたモリソンに「なぜフェスを?」と問うウェイン。すると、モリソンはこう告げるのだった。大人になるのって意外と楽しいことなのかもしれない。

ハードロックが大好きなウェインとガースが地元の町でロックフェスを開催すべく奮闘する。『アルマゲドン』のテーマ曲で知られるエアロ・スミスの演奏シーンあり。

君は努力していない。
愚痴を並べているだけだ。

You are not trying. You are whining.

プラダを着た悪魔

アンドレアはジャーナリストを目指してNYにやってきた典型的な田舎娘。もちろん、オシャレになんか興味はない。にもかかわらず、一流ファッション誌のカリスマ編集長のアシスタントとして働くことになってしまったから、さぁ大変。気合いで乗り切れると思っていたけど、世の中そんなに甘くなかった。何をやっても編集長にはどやされるし、職場の同僚たちにはダサいって理由で見下されるし、こんなに頑張っているんだから少しは労いの言葉とかあってもよくない？と、アンドレアは編集長の右腕であるナイジェルに愚痴をこぼす。対して、彼が返したのがこの言葉。愚痴をこぼすようではまだまだ努力が足りてないということだ。あるいは、本気で努力しているなら愚痴をこぼす暇などないということだ。

ひょんなことから一流ファッション雑誌の編集部で働くことになったジャーナリスト志望の女の奮闘記。ローレン・ワイズバーガーによる同名小説が原作。

健全な関係というのは、
男が息抜きできなきゃなりたたないんだよ。

In a healthy relationship, a guy should be able to do what he wants.

ハングオーバー！消えた花ムコと史上最悪の二日酔い

結婚を間近に控えたダグは、親友のフィルとスチュ、そして、義弟のアランとともに独身最後の旅行をすべくラスベガスに向かっていた。日常から解放されて喜ぶ男たちだったが、高飛車で独占欲の強いガールフレンドに羽目を外すなと釘を刺されているスチュだけは浮かない表情だ。しかし、この旅を経てスチュは生まれ変わる。何があったのかといえば、酒を飲み過ぎただけである。これにより、記憶を失い、歯を1本失い、マイク・タイソンの家からペットのトラを盗み、シングルマザーのストリッパーとノリで結婚してしまったのである。以上のような経験をしたスチュにはもう何も怖いことなどない。彼はダグの結婚式の会場で、ガールフレンドにこう言って別れを切り出す。酒で記憶を失うのも悪いことばかりではない。

フィル、スチュ、アラン、ダグはラスベガスへバチェラー・パーティーに向かった。たらふく酒を飲んだ4人。しかし、翌朝目覚めると、ダグの姿が消えており……。

彼女こそお前の雷兄弟だ。

She's your thunder buddy now.

テッド

1985年のボストン郊外で奇跡が起きる。孤独な少年ジョンの所有するぬいぐるみに命が宿ってしまったのだ。以来、テッドと名付けられたこのぬいぐるみとジョンは固い絆で結ばれ、何をするのも常に一緒だった。外で雷が鳴れば、ふとんの中で「雷兄弟」を結成して、恐怖を耐え忍んだ。ときは流れ中年となったジョンにはロリーという恋人がいる。しかし、テッドと遊ぶことをいつも優先してしまう彼に愛想を尽かして出ていってしまう。その後、何とか2人がよりを戻したちょうどそのとき、テッドが誘拐されてしまう。その後、高所から落下し腹部が裂けてしまったテッドが、息も絶え絶えに最後に呟くのがこの言葉。ハッパは吸うし、女癖は悪いし、差別主義者のテッドだけど、意外といいところがあるではないか。

生命を持った熊のぬいぐるみ・テッドと中年男の自堕落な生活を描いたブラックコメディ。監督とテッドの声を務めたのは悪名高きコメディアンのセス・マクファーレン。

無礼さとは単に恐れを表現しているに過ぎない。
人は欲しくても手に入らないものを恐れるものだ。
最も嫌味で、魅力のない人こそ愛される必要がある。
そうすれば、いつか彼らも花のように心を開くだろう。

Rudeness is merely the expression of fear. People fear they won't get what they want.
The most dreadful and unattractive person only needs to be loved, and they will open up like a flower.

グランド・ブダペスト・ホテル

グスタブはホテルのコンシェルジュである。歓待の掟の何たるかを知り尽くした一流のコンシェルジュである。やり過ぎではないかと思われることもないではない。なんせ客が望みさえすれば夜の相手すら厭わないのだから。しかし、それによって彼は裕福で偏屈なマダムたちから絶大なる支持を得てしまったのも事実である。この言葉はそんなグスタフが語る、コンシェルジュとしての心得である。いかに偏屈に見えようとも、いかに無礼な態度を取られようとも、それは外敵から身を守るための防衛本能に過ぎない。植物の種を覆っている固い表皮のようなものに過ぎない。だから、ならば、無償の愛でもって温めてあげようではないか。そうすれば、きっといつか花開くだろう。そう言っているのである。

舞台はズブロフカ共和国にそびえ立つグランド・ブダペスト・ホテル。そこで働くコンシェルジュとベルボーイの心温まる交流を描いたコメディ。

貧困の中に高貴さなどない。
俺にはリッチだったときも
貧乏だったときもあった。
そして、いつでもリッチであることを
選んできた。

*There is no nobility in poverty. I have been a rich man and I have been a poor man.
And I choose rich every fucking time.*

ウルフ・オブ・ウォールストリート

ジョーダン・ベルフォートは金が好きだ。より正確に言うなら、金を稼ぐのが好きだ。同時に、金を稼ぐのが上手かった。というわけで、金を稼ぎに稼ぎドン底から年収4900万ドル稼ぐ株式仲介会社の社長にまで上り詰めた。彼はおそらく金で買えないものなどないと考えている。あるなんていうのは負け犬の遠吠えだと思っている。でなければ、社員たちを前にしてこんな言葉を言うことはできないだろう。説教臭い映画なら、最終的にキれたドン底に舞い戻ったジョーダンが「やっぱり金で買えないものがある」と気づくなんてオチを用意しただろう。しかし、実際の彼はどんなことがあろうともこの意見を変えない。また稼げばいいと思うばかりだ。ジョーダンに憧れることはないが、そのブレない姿勢だけは尊敬に値する。

実在する株式ブローカー、ジョーダン・ベルフォートの狂気じみた日々を描いたコメディ。原作は回想録『ウォール街狂乱日記-「狼」と呼ばれた私のヤバすぎる人生』。

俺が知る限り、人はいつも欲しいものを
得るために騙し合っている。自分自身でさえも。

As, as far as I could see, people were always conning each other to get what they wanted.
We even con ourselves.

アメリカン・ハッスル

アーヴィンは嘘をつく。なぜつくのかといえば、欲しいものを手に入れるためだという。例えば、彼は詐欺師である。つまり、金を手に入れるために嘘をつく。あるいは、最愛の我が子と一緒に暮らすために好きではない女との結婚生活を続けるし、禿げているのでカツラをかぶる。ことほどさように、アーヴィンの人生は嘘に塗れている。しかし、あるものが欲しいという気持ちに嘘はないからには、真実を手に入れるために嘘をついているということになる。実は誰だってそうなのだ。しかし、多くの人は嘘なんてついていないと思いたがる。思いたがるからこそ、何が嘘で何が真実かわからなくなっているようにも見える。そう考えると、何が嘘かよく知っているアーヴィンのほうが、真実にも近いところにいるのかもしれない。

<small>1970年代に実際に起きた政治スキャンダルの内幕を描いたクライム・コメディ。監督は、『ザ・ファイター』『世界にひとつのプレイブック』のデヴィッド・O・ラッセル。</small>

お父さんはブログを憎むし、Twitterは嘲笑う。
Facebookのページだって持ってない。
それって存在してないってことだよ！

You hate bloggers, you mock Twitter. You don't even have a Facebook page!
It's you who doesn't exist!

バードマン　あるいは（無知がもたらす予期せぬ奇跡）

インターネット登場以降の新しい現象としてこんなことがある。例えば、昨日知り合ったばかりの人についてグーグルで検索してみたとする。しかし、どうしたことか何一つヒットしなかったとする。TwitterもFacebookもやってなかったとする。そのときあなたはどう思うだろうか。あの人は本当に存在しているのかと不安になったりしないだろうか。不安を感じない人はインターネット以前の人であり、感じる人は以後の人である。本作において、今や落ち目の俳優である父親に対してこう呟く娘は、間違いなく以後の人だ。しかし、以前の人である父親にはそうした考え方は理解できない。そして、本作が描くのは、そんな以前の人である父親が以後の人として変身を遂げるプロセスなのである。

かつてはヒーロー映画の主演として持て囃されていたが、今やすっかり落ち目の俳優リーガンが、再起をかけてブロードウェイの舞台に立つまでをコミカルに綴る。

よく聞け！　お前を愛しているが、
俺は男でお前は女。俺の人生は俺が決める。

*Now you listen to me! I love you. But I'm the man and you're the woman.
And I'll make the decisions concerning my life.*

ブルース・ブラザーズ

3年の刑期を終えて出所したジェイクは、迎えにきた弟分のエルウッドとともに、自分たちの育った孤児院にお礼参りに向かう。すると、母親代わりだったシスターは言うのだ。資金難で固定資産税が払えない、今すぐ5000ドル払わないとここは閉鎖せざるを得ない、と。そこで2人はかつて組んでいたバンドを再結成し、そのコンサートで金を調達しようと決める。順調に以前のメンバーを集める2人だったが、今はダイナーを営んでいるギターのマーフィーだけはちょっと手間取った。彼の妻が全力で引き止めようとするからだ。対してマーフィーが言い放つのがこのせりふ。普段は妻の尻に敷かれていても、その尻を押しのけなければならないときが男にはある。マーフィーにとってそれはバンドをすることだったのだろう。

刑務所帰りのジェイクとその弟分であるエルウッドが、経営難に陥った孤児院を救うために、かつて組んでいたバンドを再結成すべく奔走するミュージカル・コメディ。

ビッグ・リボウスキ

人生には始まりと終わりがある。生と死のことだけを言っているのではない。人生は無数の小さな始まりと終わりに溢れていると言っているのである。例えば、それを"事件"と呼んでもいい。人生は無数の"事件"に溢れている、と。そして多くの場合、事件はかの人生の当事者の意思とは無関係に始まり、無関係に終わる。本作の主人公であるデュードを見ればわかることだ。彼が同姓同名の別人に間違われたことから事件は始まり、彼の思惑や行動はまったく意味をなさずにあっけなく終わる。しかし、その終わりは、また新たな事件の始まりの合図なのである。そうして、人生は続くのである。この本もそろそろ終わりである。だから、映画の最後で語り部が呟くこの言葉を掲げることで幕を閉じようと思う。

湾岸戦争下のLA。富豪の若妻誘拐事件に巻き込まれに巻き込まれたヒッピー崩れのデュードとその愉快な友人たちの騒動をコミカルに描いたクライム・サスペンス。

楽しんでくれたかい？
またどこかの道で会おう。

Well, I hope you folks enjoyed yourselves. Catch ya later on down the trail.

INDEX

no.	page	title	year	staff
1.	006	スタンド・バイ・ミー	1986	原題 Stand by Me　出演 ウィル・ウィトン、リヴァー・フェニックス 監督 ロブ・ライナー
2.	008	グーニーズ	1985	原題 The Goonies　出演 ショーン・アスティン、ジェフ・コーエン 監督 リチャード・ドナー
3.	010	アメリカン・グラフィティ	1973	原題 American Graffiti　出演 リチャード・ドレイファス、ロン・ハワード 監督 ジョージ・ルーカス
4.	012	サタデー・ナイト・フィーバー	1977	原題 Saturday Night Fever　出演 ジョン・トラボルタ、カレン・リン・ゴーニイ　監督 ジョン・バダム
5.	014	イージー・ライダー	1969	原題 Easy Rider　出演 ピーター・フォンダ、デニス・ホッパー 監督 デニス・ホッパー
6.	016	ブギーナイツ	1997	原題 Boogie Nights　出演 マーク・ウォールバーグ、バート・レイノルズ 監督 ポール・トーマス・アンダーソン
7.	018	ナポレオン・ダイナマイト	2004	原題 Napoleon Dynamite　出演 ジョン・ヘダー、ティナ・マジョリーノ 監督 ジャレッド・ヘス
8.	020	KIDS/キッズ	1995	原題 Kids　出演 レオ・フィッツパトリック、クロエ・セヴィニー 監督 ラリー・クラーク
9.	022	スプリング・ブレイカーズ	2012	原題 Spring Breakers　出演 セレーナ・ゴメス、ジェームズ・フランコ 監督 ハーモニー・コリン
10.	024	ソーシャル・ネットワーク	2010	原題 The Social Network　出演 ジェシー・アイゼンバーグ、アンドリュー・ガーフィールド　監督 デヴィッド・フィンチャー
11.	026	ドラッグストア・カウボーイ	1989	原題 Drugstore Cowboy　出演 マット・ディロン、ケリー・リンチ 監督 ガス・ヴァン・サント
12.	028	ダラス・バイヤーズクラブ	2013	原題 Dallas Buyers Club　出演 マシュー・マコノヒー、ジェニファー・ガーナー　監督 ジャン=マルク・ヴァレ
13.	030	マイ・プライベート・アイダホ	1991	原題 My Own Private Idaho　出演 リヴァー・フェニックス、キアヌ・リーヴス　監督 ガス・ヴァン・サント
14.	032	ロード・オブ・ドッグタウン	2005	原題 Lords of Dogtown　出演 エミール・ハーシュ、ヴィクター・ラサック 監督 キャサリン・ハードウィック
15.	034	トップガン	1986	原題 Top Gun　出演 トム・クルーズ、ケリー・マクギリス 監督 トニー・スコット
16.	036	フラッシュダンス	1983	原題 Flashdance　出演 ジェニファー・ビールス、マイケル・ヌーリー 監督 エイドリアン・ライン
17.	038	ストレンジャー・ザン・パラダイス	1984	原題 Stranger Than Paradise　出演 ジョン・ルーリー、エスター・バリント 監督 ジム・ジャームッシュ
18.	040	魔女の宅急便	1989	声の出演 高山みなみ、佐久間レイ 監督 宮崎駿
19.	042	ゴーストワールド	2001	原題 Ghost World　出演 ソーラ・バーチ、スカーレット・ヨハンソン 監督 テリー・ツワイゴフ
20.	044	ドゥ・ザ・ライト・シング	1989	原題 Do the Right Thing　出演 スパイク・リー、サミュエル・L・ジャクソン 監督 スパイク・リー

no.	page	title	year	staff
21.	046	イントゥ・ザ・ワイルド	2007	原題 Into the Wild 出演 エミール・ハーシュ、マーシャ・ゲイ・ハーデン 監督 ショーン・ペン
22.	050	E.T.	1982	原題 E.T. the Extra-Terrestrial 出演 ヘンリー・トーマス、ドリュー・バリモア 監督 スティーブン・スピルバーグ
23.	052	猿の惑星	1968	原題 Planet of the Apes 出演 チャールトン・ヘストン、ロディ・マクドウォール 監督 フランクリン・J・シャフナー
24.	054	ブレードランナー	1982	原題 Blade Runner 出演 ハリソン・フォード、ルトガー・ハウアー 監督 リドリー・スコット
25.	056	バック・トゥ・ザ・フューチャー	1985	原題 Back to the Future 出演 マイケル・J・フォックス、クリストファー・ロイド 監督 ロバート・ゼメキス
26.	058	ロボコップ	1987	原題 RoboCop 出演 ピーター・ウェラー、ナンシー・アレン 監督 ポール・バーホーベン
27.	060	ゼイリブ	1988	原題 They Live 出演 ロディ・パイパー、キース・デイヴィッド 監督 ジョン・カーペンター
28.	062	シザーハンズ	1990	原題 Edward Scissorhands 出演 ジョニー・デップ、ウィノナ・ライダー 監督 ティム・バートン
29.	064	スターシップ・トゥルーパーズ	1997	原題 Starship Troopers 出演 キャスパー・ヴァン・ディーン、マイケル・アイアンサイド 監督 ポール・バーホーベン
30.	066	時計じかけのオレンジ	1971	原題 A Clockwork Orange 出演 マルコム・マクダウェル、パトリック・マギー 監督 スタンリー・キューブリック
31.	068	メン・イン・ブラック	1997	原題 Men in Black 出演 トミー・リー・ジョーンズ、ウィル・スミス 監督 バリー・ソネンフェルド
32.	070	インターステラー	2014	原題 Interstellar 出演 マシュー・マコノヒー、アン・ハサウェイ 監督 クリストファー・ノーラン
33.	072	ゴーストバスターズ	1984	原題 Ghostbusters 出演 ビル・マーレイ、ダン・エイクロイド 監督 アイヴァン・ライトマン
34.	074	ネバーエンディング・ストーリー	1984	原題 The Neverending Story 出演 ノア・ハサウェイ、バレット・オリヴァー 監督 ウォルフガング・ペーターゼン
35.	076	マルコヴィッチの穴	1999	原題 Being John Malkovich 出演 ジョン・キューザック、キャメロン・ディアス 監督 スパイク・ジョーンズ
36.	080	ロッキー	1976	原題 Rocky 出演 シルヴェスター・スタローン、タリア・シャイア 監督 ジョン・G・アヴィルドセン
37.	082	ランボー	1982	原題 First Blood 出演 シルヴェスター・スタローン、リチャード・クレンナ 監督 テッド・コッチェフ
38.	084	インディ・ジョーンズ／魔宮の伝説	1984	原題 Indiana Jones and the Temple of Doom 出演 ハリソン・フォード、ケイト・キャプショー 監督 スティーブン・スピルバーグ
39.	086	ユージュアル・サスペクツ	1995	原題 The Usual Suspects 出演 ケヴィン・スペイシー、ガブリエル・バーン 監督 ブライアン・シンガー
40.	088	グッドフェローズ	1990	原題 Goodfellas 出演 レイ・リオッタ、ロバート・デ・ニーロ 監督 マーティン・スコセッシ

no.	page	title	year	staff
41	090	パルプ・フィクション	1994	原題 Pulp Fiction　出演　ジョン・トラボルタ、ブルース・ウィリス 監督　クエンティン・タランティーノ
42	092	ファイト・クラブ	1999	原題 Fight Club　出演　エドワード・ノートン、ブラッド・ピット 監督　デヴィッド・フィンチャー
43	094	デス・プルーフ in グラインドハウス	2007	原題 Death Proof　出演　カート・ラッセル、ゾーイ・ベル 監督　クエンティン・タランティーノ
44	096	ダークナイト	2008	原題 The Dark Knight　出演　クリスチャン・ベール、ヒース・レジャー 監督　クリストファー・ノーラン
45	098	キック・アス	2010	原題 Kick-Ass　出演　アーロン・ジョンソン、クロエ・グレース・モレッツ 監督　マシュー・ボーン
46	100	タクシードライバー	1976	原題 Taxi Driver　出演　ロバート・デ・ニーロ、ジョディ・フォスター 監督　マーティン・スコセッシ
47	102	裏切りのサーカス	2011	原題 Tinker Tailor Soldier Spy　出演　ゲイリー・オールドマン、コリン・ファース　監督　トーマス・アルフレッドソン
48	104	ドラゴン・タトゥーの女	2011	原題 The Girl with the Dragon Tattoo　出演　ダニエル・クレイグ、ルーニー・マーラ　監督　デヴィッド・フィンチャー
49	106	ジャンゴ 繋がれざる者	2012	原題 Django Unchained　出演　ジェイミー・フォックス、クリストフ・ヴァルツ　監督　クエンティン・タランティーノ
50	108	007 スカイフォール	2012	原題 Skyfall　出演　ダニエル・クレイグ、ハビエル・バルデム 監督　サム・メンデス
51	110	デッドマン	1995	原題 Dead Man　出演　ジョニー・デップ、ゲイリー・ファーマー 監督　ジム・ジャームッシュ
52	112	ロード・オブ・ザ・リング 王の帰還	2003	原題 The Lord of the Rings: The Return of the King　出演　イライジャ・ウッド、ヴィゴ・モーテンセン　監督　ピーター・ジャクソン
53	114	ディア・ハンター	1978	原題 The Deer Hunter　出演　ロバート・デ・ニーロ、クリストファー・ウォーケン　監督　マイケル・チミノ
54	118	リトル・ミス・サンシャイン	2006	原題 Little Miss Sunshine　出演　アビゲイル・ブレスリン、グレッグ・キニア　監督　ジョナサン・デイトン、ヴァレリー・ファリス
55	120	クレイマー、クレイマー	1979	原題 Kramer vs. Kramer　出演　ダスティン・ホフマン、メリル・ストリープ 監督　ロバート・ベントン
56	122	ザ・ロイヤル・テネンバウムズ	2001	原題 The Royal Tenenbaums　出演　ジーン・ハックマン、アンジェリカ・ヒューストン　監督　ウェス・アンダーソン
57	124	レインマン	1988	原題 Rain Man　出演　ダスティン・ホフマン、トム・クルーズ 監督　バリー・レヴィンソン
58	126	ダージリン急行	2007	原題 The Darjeeling Limited　出演　オーウェン・ウィルソン、エイドリアン・ブロディ　監督　ウェス・アンダーソン
59	128	ニュー・シネマ・パラダイス	1988	原題 Nuovo Cinema Paradiso　出演　フィリップ・ノワレ、ジャック・ペラン 監督　ジュゼッペ・トルナトーレ
60	130	Mommy／マミー	2014	原題 Mommy　出演　アンヌ・ドルヴァル、スザンヌ・クレマン 監督　グザヴィエ・ドラン

no.	page	title	year	staff
61.	132	シンプル・シモン	2010	原題 Simple Simon　出演　ビル・スカルスガルド、マッティン・ヴァルストレム　監督　アンドレアス・エーマン
62.	134	チョコレートドーナツ	2012	原題 Any Day Now　出演　アラン・カミング、ギャレット・ディラハント、アイザック・レイヴァ　監督　トラヴィス・ファイン
63.	136	パリ、テキサス	1984	原題 Paris, Texas　出演　ハリー・ディーン・スタントン、ディーン・ストックウェル　監督　ヴィム・ヴェンダース
64.	138	ギルバート・グレイプ	1993	原題 What's Eating Gilbert Grape　出演　ジョニー・デップ、レオナルド・ディカプリオ　監督　ラッセ・ハルストレム
65.	140	ビッグ・フィッシュ	2003	原題 Big Fish　出演　ユアン・マクレガー、アルバート・フィニー　監督　ティム・バートン
66.	142	ゴッドファーザー	1972	原題 The Godfather　出演　マーロン・ブランド、アル・パチーノ　監督　フランシス・フォード・コッポラ
67.	146	ローマの休日	1953	原題 Roman Holiday　出演　オードリー・ヘプバーン、グレゴリー・ペック　監督　ウィリアム・ワイラー
68.	148	小さな恋のメロディ	1971	原題 Melody　出演　マーク・レスター、トレイシー・ハイド　監督　ワリス・フセイン
69.	150	アニー・ホール	1977	原題 Annie Hall　出演　ウディ・アレン、ダイアン・キートン　監督　ウディ・アレン
70.	152	バッファロー '66	1998	原題 Buffalo '66　出演　ヴィンセント・ギャロ、クリスティーナ・リッチ　監督　ヴィンセント・ギャロ
71.	154	ベルリン・天使の詩	1987	原題 Der Himmel über Berlin　出演　ブルーノ・ガンツ、ソルヴェーグ・ドマルタン　監督　ヴィム・ヴェンダース
72.	156	トゥルー・ロマンス	1993	原題 True Romance　出演　クリスチャン・スレーター、パトリシア・アークエット　監督　トニー・スコット
73.	158	レオン	1994	原題 Léon　監督　リュック・ベッソン　出演　ジャン・レノ、ナタリー・ポートマン
74.	160	ブロークバック・マウンテン	2005	原題 Brokeback Mountain　出演　ヒース・レジャー、ジェイク・ジレンホール　監督　アン・リー
75.	162	シングルマン	2009	原題 A Single Man　出演　コリン・ファース、ジュリアン・ムーア　監督　トム・フォード
76.	164	(500)日のサマー	2009	原題 (500) Days of Summer　出演　ジョセフ・ゴードン=レヴィット、ズーイー・デシャネル　監督　マーク・ウェブ
77.	166	ブルーバレンタイン	2010	原題 Blue Valentine　出演　ライアン・ゴズリング、ミシェル・ウィリアムズ　監督　デレク・シアンフランス
78.	168	ムーンライズ・キングダム	2012	原題 Moonrise Kingdom　出演　ジャレド・ギルマン、カーラ・ヘイワード　監督　ウェス・アンダーソン
79.	170	her／世界でひとつの彼女	2013	原題 Her　出演　ホアキン・フェニックス、エイミー・アダムス　監督　スパイク・ジョーンズ
80.	172	最強のふたり	2011	原題 Intouchables　出演　フランソワ・クリュゼ、オマール・シー　監督　オリヴィエ・ナカシュ、エリック・トレダノ

no.	page	title	year	staff
81.	174	ミルク	2008	原題 Milk 出演 ショーン・ペン、ジェームズ・フランコ 監督 ガス・ヴァン・サント
82.	176	きみに読む物語	2004	原題 The Notebook 出演 ライアン・ゴズリング、レイチェル・マクアダムス 監督 ニック・カサヴェテス
83.	178	アバウト・タイム 愛おしい時間について	2013	原題 About Time 出演 ドーナル・グリーソン、レイチェル・マクアダムス 監督 リチャード・カーティス
84.	180	ゴーン・ガール	2014	原題 Gone Girl 出演 ベン・アフレック、ロザムンド・パイク 監督 デヴィッド・フィンチャー
85.	182	シングルス	1992	原題 Singles 出演 ブリジット・フォンダ、キーラ・セジウィック 監督 キャメロン・クロウ
86.	186	ゼア・ウィル・ビー・ブラッド	2007	原題 There Will Be Blood 出演 ダニエル・デイ=ルイス、ポール・ダノ 監督 ポール・トーマス・アンダーソン
87.	188	ルパン三世 カリオストロの城	1979	声の出演 山田康雄、納谷悟朗 監督 宮崎駿
88.	190	ミッドナイト・イン・パリ	2011	原題 Midnight in Paris 出演 オーウェン・ウィルソン、マリオン・コティヤール 監督 ウディ・アレン
89.	192	夢のチョコレート工場	1971	原題 Willy Wonka & the Chocolate Factory 出演 ジーン・ワイルダー、ピーター・オストラム 監督 メル・スチュアート
90.	194	マスク	1994	原題 The Mask 出演 ジム・キャリー、キャメロン・ディアス 監督 チャールズ・ラッセル
91.	196	ウェインズ・ワールド2	1993	原題 Wayne's World 2 出演 マイク・マイヤーズ、ダナ・カーヴィ 監督 スティーブン・サージック
92.	198	プラダを着た悪魔	2006	原題 The Devil Wears Prada 出演 アン・ハサウェイ、メリル・ストリープ 監督 デヴィッド・フランケル
93.	200	ハングオーバー！消えた花ムコと史上最悪の二日酔い	2009	原題 The Hangover 出演 ブラッドレイ・クーパー、ザック・ガリフィアナキス 監督 トッド・フィリップス
94.	202	テッド	2012	原題 Ted 出演 マーク・ウォールバーグ、ミラ・クニス 監督 セス・マクファーレン
95.	204	グランド・ブダペスト・ホテル	2014	原題 The Grand Budapest Hotel 出演 レイフ・ファインズ、F・マーレイ・エイブラハム 監督 ウェス・アンダーソン
96.	206	ウルフ・オブ・ウォールストリート	2013	原題 The Wolf of Wall Street 出演 レオナルド・ディカプリオ、ジョナ・ヒル 監督 マーティン・スコセッシ
97.	208	アメリカン・ハッスル	2013	原題 American Hustle 出演 クリスチャン・ベール、エイミー・アダムス 監督 デヴィッド・O・ラッセル
98.	210	バードマン あるいは（無知がもたらす予期せぬ奇跡）	2014	原題 Birdman or (The Unexpected Virtue of Ignorance) 出演 マイケル・キートン、エマ・ストーン 監督 アレハンドロ・ゴンサレス・イニャリトゥ
99.	212	ブルース・ブラザーズ	1980	原題 The Blues Brothers 出演 ジョン・ベルーシ、ダン・エイクロイド 監督 ジョン・ランディス
100.	214	ビッグ・リボウスキ	1998	The Big Lebowski 出演 ジェフ・ブリッジス、ジョン・グッドマン 監督 ジョエル・コーエン

長場 雄

1976年東京生まれ。東京造形大学卒業。人物の特徴を捉えたシンプルな線画が持ち味で、広告、書籍、パッケージデザイン、アパレルなど幅広く活動中。2015年に初の作品集『I DRAW』を発表した。主な仕事に、雑誌『POPEYE』表紙イラスト、TOYOTA Lineスタンプ、BeamsコラボTシャツなどがある。また、キャラクター「かえる先生」の生みの親としても知られている。

鍵和田 啓介

1988年生まれ、ライター。映画批評家であり、「爆音映画祭」のディレクターである樋口泰人氏に誘われ、大学時代よりライター活動を開始。現在は、『POPEYE』『BRUTUS』などの雑誌を中心に、さまざまな記事を執筆している。

レオン 完全版
DVD&Blu-ray 発売中
DVD:1,280円(税込)/Blu-ray:2,625円(税込)
発売:アスミック・エース
販売:KADOKAWA
(C)1994 GAUMONT / LES FILMS DU DAUPHIN

みんなの映画100選

2016年 5月14日 初版発行
2024年12月 6日 第9刷発行

絵	長場 雄
文	鍵和田 啓介
装丁	前田 晃伸　神戸 太郎
編集	長嶋 瑞木
発行所	株式会社オークラ出版
	〒153-0051　東京都目黒区上目黒1-18-6NMビル3F
	電話　03-3792-2411（営業部）
	03-3793-4939（編集部）
	https://oakla.com/
発行人	長嶋 うつぎ
印刷・製本	TOPPANクロレ株式会社

ⓒ2016 Yu Nagaba
ⓒ2016 Oakla Publishing Co., Ltd.
Printed in Japan　2016

ISBN:978-4-7755-2545-6

JASRAC 出　1601341-601

落丁・乱丁本の場合は小社営業部までお送り下さい。送料は小社負担にてお取替えいたします。本誌掲載の記事、写真などの無断複写（コピー）を禁じます。インターネット、モバイル等の電子メディアにおける無断転載ならびに第三者によるスキャンやデジタル化もこれに準じます。